COCINA

natural y saludable

COCINA

natural y saludable

First published by Parragon Books Ltd in 2015 and distributed by:

Parragon Inc.
440 Park Avenue South, 13th Floor
New York, NY 10016
www.parragon.com/lovefood

LOVE FOOD is an imprint of Parragon Books Ltd

Traducción del inglés: Gemma Deza Guil para LocTeam, Barcelona
Redacción y maquetación de la edición en español: LocTeam, Barcelona

ISBN: 978-1-4723-7148-5
Printed in China

Autora y estilista culinaria: Sara Lewis
Concepto y producción: Pene Parker y Becca Spry
Fotografías: Haarala Hamilton

Notas para el lector

Este libro utiliza medidas métricas, de cucharas y tazas estándares. A menos que se indique lo contrario, todas las cucharas
y tazas utilizadas como unidad son rasas. Si no se indica lo contrario, la leche que se utiliza es entera; los huevos son grandes,
las hortalizas son de tamaño mediano y la pimienta es negra y recién molida. Salvo que se indique lo contrario, todas las
hortalizas de raíz deben pelarse antes de ser utilizadas.

Los aderezos, los adornos y las sugerencias de presentación son optativos y no están necesariamente incluidos en los
ingredientes ni en la preparación de las recetas. Los ingredientes y sazonadores opcionales no se incluyen en el análisis de
nutrientes. Los tiempos de preparación y de cocción de las recetas son aproximados, ya que pueden variar en función de las
técnicas empleadas. Los ingredientes adicionales, las variaciones y las sugerencias de presentación no se han incluido en los
cálculos de tiempo.

Aunque la autora ha realizado todos los esfuerzos razonables para asegurarse de que la información contenida en este libro
sea precisa y esté actualizada, los lectores deben tener en cuenta los siguientes puntos importantes:

* Los conocimientos médicos y farmacéuticos cambian constantemente y ni el autor ni la editorial pueden garantizar la
exactitud o adecuación del contenido de este libro.
* En ningún caso este libro pretende ser ni debe ser tomado como sustituto de los consejos que pueda darle su médico antes de
introducir cambios importantes en su dieta.
* Límite de responsabilidad sobre alergias: El autor y la editorial no se hacen responsables de las posibles reacciones
alérgicas que puedan ocasionar las recetas de este libro.
* Las afirmaciones contenidas en este libro no han sido evaluadas por el organismo para el Control de Alimentos y Medicamentos
estadounidense. Este libro no pretende tratar, curar ni evitar ninguna enfermedad.

Por las razones arriba expuestas, y en el margen máximo permitido por la ley, el autor y la editorial: a) no aceptan ni pueden
aceptar ningún deber legal de atención o responsabilidad en relación con la exactitud de los contenidos de este libro, a pesar
de que determinada información se exprese con la palabra «consejo» u otro término similar y b) declinan toda responsabilidad
por pérdida, daños o riesgos que puedan reclamarse o en los que pueda incurrirse como consecuencia, directa o indirecta, del
uso y/o aplicación del contenido de este libro.

Cuando el nombre de algún ingrediente varía de una región del ámbito hispano a otra, se ha procurado ofrecer las variantes.

CONTENIDO

LOS BENEFICIOS DE COMER BIEN

Comer bien significa comer los alimentos en su forma más natural para aprovechar al máximo sus beneficios nutricionales. En los últimos 10 años, el espacio que los supermercados dedican a los alimentos precocinados en los pasillos de refrigerados se ha ido ampliando cada vez más y la vida útil de algunos alimentos anunciados como «frescos» se ha alargado de manera innatural. La pregunta es: ¿a qué coste? Los alimentos suelen contener largas listas de ingredientes de nombres impronunciables cuyo papel no está claro. A medida que aumentan las evidencias acerca de los riesgos de comer alimentos procesados, el movimiento que se ha dado a conocer como «Clean Eating» intenta esquivar este problema retomando la ingesta de los alimentos en su forma natural.

Comer bien implica comer carnes más magras y más pescados, hortalizas con poca fécula, frutas ricas en vitaminas, frutos secos ricos en proteínas y semillas ricas en minerales. Lo que proponemos es reemplazar los carbohidratos refinados por carbohidratos complejos e inteligentes en forma de judías y cereales integrales, puesto que tardan más tiempo en digerirse, sacian más y ayudan a mantener los niveles de azúcar en sangre. Comer bien no implica obsesionarse con contar las calorías, sino disfrutar de los alimentos en su forma «más natural» y evitar los alimentos procesados y las sustancias químicas, los aromas y los conservantes artificiales, sustituyéndolos por alimentos cultivados de manera local y de un modo sostenible y respetuoso con el medio ambiente.

El primer paso es observar atentamente qué se compra y volverse un entendido en etiquetas. Los envases de alimentos pueden transmitir la falsa impresión de qué es sano, y expresiones como «integral», «con bajo contenido en azúcares» o «con alto contenido en fibra» pueden ocultar algo, incluso aunque se impriman junto a fotografías de hortalizas frescas y ganado criado con buenas prácticas. Siga leyendo y tal vez le sorprenda qué contienen los alimentos que toma. Los ingredientes se enumeran en orden: los que se utilizan en mayores cantidades aparecen primero y es posible que los que esperaría que se citaran al principio queden relegados al final de la lista.

Dejar de consumir alimentos procesados puede antojarse un paso de gigante, pero, como cualquier cambio en la dieta, la parte más dura radica en tomar la decisión de hacerlo. Ello no implica renunciar a comerse una hamburguesa; simplemente deberá prepararla en casa con una buena carne de vacuno orgánica (véase pág. 76) y, no lo dude: sabrá mejor que cualquier hamburguesa comprada. Se trata de adoptar un planteamiento sostenible y proactivo para vivir una vida más saludable, disfrutar de lo que se come y sentirse revitalizado.

¿QUÉ COMER?

La mejor manera de mejorar su dieta es cocinar los alimentos desde cero; de este modo sabrá exactamente qué contienen, incluida la procedencia de los ingredientes, y cómo se han preparado. Los alimentos frescos servidos directamente del horno no contienen sustancias químicas desagradables que alarguen su vida útil, sobre todo si se preparan, en la medida de lo posible, con ingredientes orgánicos. Quizá le sorprenda descubrir que incluso puede ahorrar dinero, sobre todo si cocina para una familia.

ELIJA CEREALES INTEGRALES

Los cereales integrales nos ayudan a mantener un aparato digestivo y un corazón sanos, porque las cantidades elevadas de fibra soluble contribuyen a reducir el colesterol. Son ricos en carbohidratos complejos, que liberan la energía de manera lenta y contribuyen a reducir el cansancio.

De hecho, podría considerarse que pasar del pan blanco al pan integral es el mejor cambio que puede introducir en su dieta. La harina de trigo que se comercializa como «integral» indica que se muele el grano entero, sin que se pierda nada durante la molienda, lo cual le deja con un 75% de harina, un 23% de salvado y un 2% de germen de trigo. También puede interesarle probar la espelta integral o la harina de kamut, variedades antiguas de trigo, o el arroz integral, el cáñamo, la quinoa o la harina de trigo sarraceno o alforfón para contar con una alternativa sin gluten.

Lea detenidamente la etiqueta de la harina antes de comprarla. Lo que en apariencia pueda parecer harina integral podría ser en realidad una mezcla de harina de trigo refinada y harina de trigo integral, o incluso solo harina refinada con semillas, granos o copos integrales añadidos. Existen harinas comercializadas como «integrales» que en realidad son harina común con entre un 10 y un 15% de salvado fino o grueso añadido tras la molienda.

Puede adquirir trigo en granos de trigo integral y utilizarlo como base con sabor a frutos secos para la ensalada o como alternativa al arroz integral. Asimismo, puede probar el trigo bulgur, que tarda menos tiempo en cocerse que los granos de trigo integral. Tómese un cuscús integral o una ración de pasta integral como guarnición en lugar de sus variantes de trigo común. La avena siempre se vende en su variante integral. También se comercializa como farro, que tiene un aspecto similar y se cocina igual que los trigos de grano integral. A la hora de adquirir arroz, seleccione un arroz integral o un arroz de color, como el arroz rojo o el arroz negro salvaje. Al procesarlo, el arroz blanco no sólo pierde la fibra, sino también la mayor parte de las vitaminas B que contiene. La harina de maíz de grano entero es otra buena opción.

CARNE Y PESCADO

El pescado es rico en proteínas, vitamina B12 —esencial para disfrutar de un sistema nervioso sano— y yodo, que la glándula tiroidea utiliza para funcionar correctamente. El pescado azul, como el salmón, la trucha, el atún, las sardinas, los arenques y la caballa, es rico en grasas omega-3, a las cuales se atribuyen múltiples beneficios para la salud, entre ellos ayudar a reducir la presión arterial. Procure comer pescado al menos dos veces a la semana, e intente que una de ellas sea pescado azul.

No tenga reparos en preguntarle al pescadero de dónde procede el pescado, cómo se ha pescado o si es de piscifactoría o salvaje.

A la hora de adquirir carne y aves de corral, pregunte al carnicero su procedencia; elija siempre las granjas donde se practique una ganadería respetuosa. Busque productos con etiquetas de certificación independientes, como «Producto orgánico», «Producto de la Asociación de Pequeños Agricultores Ecológicos», «Ganadería de trato humanitario» o «Bienestar animal». Intente no comer carne al menos dos días a la semana y procure que las porciones no superen los 155 g por persona. Elimine la grasa antes de cocinar la carne y retire la piel de las aves antes de comérselas.

GRASAS Y ACEITES

Toda dieta necesita incorporar grasas para que el organismo absorba las vitaminas liposolubles A, D, E y F y genere los ácidos grasos esenciales. La dieta mediterránea, rica en aceite de oliva, se ha considerado desde hace largo tiempo una dieta sana, pero ahora existe una amplia variedad de aceites prensados en frío alternativos, como el aceite de cáñamo, de aguacate o de frutos secos, que puede adquirir en los supermercados. Normalmente, estos aceites se elaboran sin sustancias químicas ni solventes y a temperaturas inferiores a 40°C/104°F, gracias a lo cual se garantiza que el aceite conserve todo su carácter y esencia, si bien es habitual que varíen de aspecto o carácter en función de la estación del año. Casi todos los aceites prensados en frío son una fuente natural de vitamina E, un importante antioxidante en la lucha contra el cáncer, y, además, contienen ácidos grasos omega-3 y omega-6 esenciales. Muchos aceites prensados en frío, como el de linaza y el de nuez, no se conservan tan bien como los aceites refinados; por ello se recomienda adquirirlos en pequeñas cantidades y guardarlos en un lugar frío o en el frigorífico.

La mantequilla contiene grasas saturadas, de manera que conviene utilizarla con moderación. Prepare las salsas y los aderezos con yogur en lugar de con mayonesa comprada. El Ministerio de Sanidad recomienda reducir al mínimo posible la ingesta de grasas saturadas. Las cantidades recomendadas de consumo de grasas saturadas son de 30 g al día para hombres y de 20 g al día para mujeres.

FRUTAS Y VERDURAS

La recomendación es comer cinco raciones de frutas y verduras al día, pero ¿cuántos de nosotros lo hacemos? Una fruta de tamaño normal, como una manzana, una pera o un plátano, cuenta como una de las cinco porciones, al igual que dos kiwis o ciruelas y siete fresas. Las patatas no cuentan, pero sí los boniatos y otras hortalizas con fécula. Si bien lo mejor es consumir productos frescos, las frutas y hortalizas congeladas en ocasiones pueden contener más vitaminas y minerales que las frescas y, además, presentan la ventaja de resultar muy cómodas e ideales para preparar batidos y compotas. Los tomates y judías envasados son fantásticos para guardar en la despensa y ayudan a alcanzar la cifra de las cinco porciones diarias.

Procure escoger siempre productos de producción orgánica y de proximidad cultivados mediante métodos de rotación de cosechas, con pesticidas y fertilizantes naturales. Algunos supermercados también ofrecen productos de cultivo y ganadería locales y así lo reflejan en las etiquetas. Y ya que entramos en materia, ¿por qué no cultivar un huertecito en casa? No es necesario contar con una huerta grande; basta con convertir un macetero o con cultivar las hortalizas de la ensalada en macetas, o incluso con colgar una maceta de fresas de la puerta de la terraza o el jardín.

La mayoría de los pesticidas pueden eliminarse de la superficie de las frutas y hortalizas lavándolas bien. Escoja siempre limones sin encerar y cómprelos en pequeñas cantidades, ya que la cera contiene un fungicida que evita la aparición de moho.

AZÚCARES

La mayoría de nosotros tomamos demasiado azúcar y, con los niveles de obesidad en aumento, conviene revisar nuestra dieta. En lugar de comerse una barrita de chocolate con azúcares derivados de sustancias químicas a modo de tentempié, sustitúyala por una galleta artesanal elaborada con frutos secos (que le aportarán energía), harina de trigo integral y cantidades más reducidas de azúcar moreno: recargará las pilas de una manera mucho más saludable (véase pág. 116). A la mayoría de las personas les gustan los brownies de chocolate húmedos, pero conviene reducir los azúcares refinados y, en su lugar, añadir dátiles deshidratados (véase pág. 116). Las remolachas dulces quedan a las mil maravillas en un pastel de chocolate (véase pág. 102) y evitan tener que utilizar tanta mantequilla o azúcar. Si usa azúcar, elija la menos refinada posible, como azúcar sin blanquear; el azúcar crudo o moreno (negro) natural son buenas opciones, pero compruebe en el envase que no hayan sido coloreados una vez procesados. El sirope de arce aporta una dulzura natural delicada, pero, una vez más, las apariencias pueden engañar: lea detenidamente la etiqueta, porque algunas marcas lo mezclan con sirope de maíz con alto contenido en fructosa. La miel artesanal tiene un sabor delicioso y una cucharadita da para mucho.

APUESTE POR LA SENCILLEZ

Este libro propone un retorno a la cocina casera y de calidad. Los días de las comidas preparadas, de la pasta de hojaldre congelada y de las salsas para la pasta envasadas han quedado atrás. Ahora bien, ello no implica que vaya a tardar una eternidad en preparar la cena ni que necesite acudir a clases de cocina. Las recetas contenidas en estas páginas son sencillas, están al alcance de cualquiera y se elaboran con ingredientes naturales fáciles de encontrar en cualquier supermercado, tienda o mercado. A continuación indicamos algunos problemas que podrá evitar si apuesta por comer bien.

Ingesta elevada de sodio: incluso aunque no añada sal a las comidas (la sal contiene sodio), puede que esté consumiendo demasiado sodio si come alimentos procesados, como cereales del desayuno, pan de molde, salsas preparadas o patatas fritas de bolsa. Una ingesta excesiva de sodio aumenta el riesgo de padecer presión arterial alta, lo cual puede ocasionar ictus, cardiopatías y fallos renales. La Organización Mundial de la Salud recomienda que los adultos no ingieran más de seis gramos de sal al día. La mayoría de los adultos superamos los nueve gramos al día, cifra mucho más elevada entre quienes consumen comida rápida y platos precocinados. Las células del organismo necesitan sodio para regular el equilibrio de fluidos y mantener una presión arterial saludable, pero la cantidad necesaria es pequeña y varía en función de la edad, el clima y la complexión.

Niveles elevados de fructosa: los trabajadores de la salud temen que los altos niveles de fructosa de nuestra dieta se conviertan en un problema tan serio como el consumo de alcohol. Hoy en día consumimos tres veces más fructosa que hace 50 años. Normalmente, el hígado metaboliza la cantidad de fructosa obtenida de las frutas y hortalizas, pero puede tener dificultades para procesar las cantidades que se añaden a los alimentos procesados, sobre todo en forma de sirope de maíz con alto contenido en fructosa. Sobrecargar el organismo durante un largo período de tiempo puede hacer que el hígado se agrande. Y el consumo excesivo de fructosa no siempre se evidencia en la gordura. Evite los alimentos dulces procesados y los zumos de frutas, así como los refrescos, que aportan poco o ningún beneficio nutricional. También se recomienda evitar los edulcorantes, salvo determinados de ellos de origen vegetal.

Elevado consumo de ácidos grasos trans: se encuentran de manera natural en la carne y los productos lácteos, si bien también se producen artificialmente para incluirlos en galletas y pasteles, y los aceites comestibles se solidifican mediante métodos industriales para garantizar que mantengan la firmeza a temperatura ambiente. Los ácidos grasos trans que hay que evitar son los de elaboración artificial. Las investigaciones demuestran que existe una conexión entre un elevado consumo de ácidos grasos trans artificiales y unos niveles altos de colesterol y de cardiopatías.

CALDO CASERO

Olvídese de utilizar las típicas pastillas para el caldo, tan saladas, y, en su lugar, prepare un buen caldo casero. Una vez cocido, déjelo enfriar y viértalo en recipientes de plástico o en bandejas de cubitos para tenerlo a mano en útiles porciones pequeñas siempre que lo necesite. Para utilizarlo, bastará con descongelarlo en el microondas en unos minutos o bien en el frigorífico durante la noche.

CALDO VEGETAL

Pele una cebolla (quítele solo la capa exterior), córtela en cuartos y échela a una cazuela mediana. Añada tres zanahorias en rodajas gruesas, dos tallos de apio en rodajas gruesas, dos tomates picados gruesos, una hoja de albahaca, dos ramitas de romero o tomillo fresco, los tallos de un manojo pequeño de perejil fresco y las partes verdes de dos puerros. Aderece el caldo con un poquito de sal y pimienta negra recién molida y luego incorpore 6 tazas/1,4 litros de agua. Lleve el caldo a ebullición; una vez que rompa el hervor, tápelo parcialmente con una tapadera y déjelo cocer a fuego lento durante 1 hora. Déjelo enfiar y cuélelo con un colador.

CALDO DE POLLO

Desprenda la carne de una carcasa de pollo asado, tápela y refrigérela en el frigorífico. Coloque la carcasa en una cacerola grande. Añada una cebolla a cuartos (pele solo la capa exterior), dos zanahorias a rodajas gruesas, dos tallos de apio a rodajas gruesas y un puñado de hierbas frescas. Agregue un poco de sal marina y pimienta negra recién molida y luego vierta 6 tazas/1,4 litros de agua o más cantidad si es preciso para cubrir la carcasa por completo. Lleve el caldo a ebullición; una vez que rompa el hervor, tápelo parcialmente con una tapadera y déjelo cocer a fuego lento durante 1 hora. Déjelo enfriar y cuélelo con un colador.

DESAYUNOS

FRITTATA DE HORTALIZAS

Sirva la frittata directamente de la sartén, acompañada de pan de trigo integral casero, o bien envuélvala en papel encerado y papel de aluminio y tómesela fría en el trabajo.

PARA: 4 PERSONAS   PREP.: 15 MIN.   COCCIÓN: 20 MIN.

250 g / 9 onzas de patatas nuevas baby, sin pelar y cortadas en rodajas
2 cucharadas de aceite de oliva virgen
4 cebolletas (cebollas de verdeo) en rodajas finas
1 calabacín (zucchini) en rodajas finas
4 tazas / 115 g de espinacas baby limpias
una pizca generosa de pimentón picante ahumado
6 huevos
sal marina y pimienta al gusto

1   Lleve a ebullición una cacerola con agua, eche las patatas, cuézalas durante 5 minutos o hasta que comiencen a estar tiernas y escúrralas bien.

2   Entre tanto, caliente una cucharada de aceite en una sartén refractaria grande a fuego medio. Añada la cebolleta, el calabacín y las patatas, y saltee las hortalizas durante cinco minutos hasta que empiecen a dorarse.

3   Agregue las espinacas y el pimentón, y continúe salteándolas, removiendo, 1 o 2 minutos más, hasta que las hojas empiecen a menguar.

4   Precaliente la parrilla a fuego entre medio y vivo. Casque los huevos en un cuenco y salpimiéntelos. Con un tenedor, bátalos bien. Vierta un poco más de aceite en la sartén, si es preciso, y, a continuación, añada los huevos y fríalos 5 o 6 minutos, hasta que estén casi cuajados y la cara inferior de la frittata esté dorada.

5   Ase en la parrilla la frittata unos 3 o 4 minutos, hasta que se dore por encima y los huevos hayan cuajado. Córtela en porciones y sírvala.

QUE NO SOBRE NADA

Si tiene en el frigorífico patatas nuevas cocidas que le sobraron de la cena de anoche, utilícelas en lugar de las patatas crudas.

POR RACIÓN: 241 CAL | 15,1 G GRASAS | 3,5 G GRASAS SAT. | 13,7 G CARB. | 2,6 G AZÚC. | 1,1 G SAL | 2,9 G FIBRA | 13,2 G PROT.

HUEVOS REVUELTOS CON ESPINACAS Y TOSTADA DE CENTENO INTEGRAL

El pan de centeno integral contiene muchísima fibra, además de tener un sabor a frutos secos que combina a la perfección con los huevos revueltos cremosos.

PARA: 4 PERSONAS   PREP.: 15 MIN.   COCCIÓN: 15 MIN.

200 g/4 tazas de espinacas baby picadas gruesas
8 huevos extragrandes
3 cucharadas de leche
15 g/1 cucharada de mantequilla (manteca) sin sal
4 rebanadas de pan de centeno integral
una pizca de nuez moscada recién rallada
sal marina y pimienta

1 Ponga una sartén grande a fuego vivo. Añada las espinacas y cuézalas en el agua que retienen las hojas al lavarlas, removiendo, durante 1 o 2 minutos, hasta que las hojas empiecen a menguar. Páselas a un colador y escurra todo el líquido posible. Resérvelas calientes.

2 Casque los huevos en un cuenco y agregue la leche y sal y pimienta al gusto. Con un tenedor, bátalos hasta obtener una mezcla homogénea.

3 Funda la mantequilla en la sartén a fuego medio. Vierta la mezcla de huevo y fríalos, sin dejar de remover, 5 o 6 minutos o hasta que empiecen a cuajar. Agregue las espinacas y fríalas, removiendo, 2 o 3 minutos o hasta que los huevos estén un poco cuajados.

4 Entre tanto, tueste un poco el pan de centeno y luego corte las rebanadas por la mitad.

5 Con un cucharón, reparta el huevo revuelto con espinacas sobre las tostadas, esparza por encima un poco de nuez moscada y sirva el plato de inmediato.

EL CENTENO ADECUADO

Asegúrese de escoger pan de centeno integral. Compruebe el listado de los ingredientes para verificar que no lleva harina refinada.

POR RACIÓN: 300 CAL | 19 G GRASAS | 6 G GRASAS SAT. | 13 G CARB. | 1,5 G AZÚC. | 1,1 G SAL | 3 G FIBRA | 21 G PROT.

MAGDALENAS DE CHAMPIÑONES Y HUEVO CON TOSTADAS

Acompañe estos huevos de una tostada de trigo integral y unos tomates asados, o bien envuélvalos en papel de aluminio con tomatitos cherry y llévese el desayuno consigo.

PARA: 6 PERSONAS   PREP.: 20 MIN.   COCCIÓN: 20 MIN.

2 cucharadas de aceite de oliva virgen
2 tiras de beicon (panceta) ahumado al roble,
sin la corteza y cortadas en dados
115 g/2 tazas de champiñones (setas, hongos) laminados
3 huevos
125 ml/1/2 taza de leche
40 g/1/3 taza de queso cheddar desmenuzado
1 cucharada de cebollino (ciboulette) fresco picado fino
12 tomatitos cherry en rama
sal marina y pimienta al gusto
6 rebanadas de pan de trigo integral casero
(véase abajo), para acompañar

1   Precaliente el horno a 190°C/375°F. Forre las cazoletas de un molde para magdalenas de 6 unidades con papel de hornear. Caliente una cucharada de aceite en una sartén pequeña a fuego entre medio y vivo. Agregue el beicon y fríalo 2 o 3 minutos o hasta que empiece a dorarse. Añada los champiñones y saltéelos durante 2 minutos, sin dejar de remover. Reparta la mezcla entre las cazoletas del molde.

2   Casque los huevos, agregue la leche, el cheddar y el cebollino, y salpimiéntelo al gusto. Bata la mezcla hasta que quede homogénea y después viértala en las cazoletas del molde. Remuévala para evitar que el beicon y los champiñones se posen en el fondo de las cazoletas. Hornee las parcelitas en el nivel central del horno durante 15 minutos.

3   Ponga los tomates en una bandeja de horno, riéguelos con el resto del aceite y salpimiéntelos. Métalos en el horno durante los últimos 10 minutos del tiempo de cocción. Tueste un poco el pan y luego corte las rebanadas por la mitad.

4   Retire las parcelitas del horno, dispóngalas en platos con la tostada y los tomates asados, y sírvalas de inmediato.

PAN CASERO

Para elaborar el pan integral artesanal, siga los pasos de la receta para masa de pizza de la página 70, duplicando las cantidades de todos los ingredientes. Meta la masa crecida en un molde para pan de 900 g/2 libras o 25 x 10 x 5 cm/9 x 5 x 3 pulgadas y esparza por encima 2 cucharadas de avena laminada. Tape el molde con film transparente y deje fermentar la masa 30 minutos. Precaliente el horno a 220°C/425°F y hornee el pan unos 25 o 30 minutos o hasta que esté dorado por arriba y suene hueco por abajo. Desmóldelo y déjelo enfriar en una rejilla.

POR RACIÓN: 418 CAL | 18,1 G GRASAS | 4,8 G GRASAS SAT. | 49,5 G CARB. | 3,7 G AZÚC. | 1,9 G SAL | 7,4 G FIBRA | 18,8 G PROT.

CHAMPIÑONES PORTOBELLO Y RICOTTA A LAS FINAS HIERBAS

El queso ricotta contiene menos grasas que la mayoría de los quesos y es una fuente excelente de proteína y calcio.

PARA: 4 PERSONAS   PREP.: 15 MIN.
COCCIÓN: 15-20 MIN.

4 champiñones (setas, hongos)
1 cucharada de aceite de oliva virgen
1 chalote (echalote) picado grueso
60 g / 1 taza de perejil fresco picado grueso
1 cucharada de cebollino (ciboulette) fresco picado
250 g / 9 onzas de queso ricotta
sal marina y pimienta al gusto

1 Precaliente el horno a 200°C / 400°F. Corte los tallos de los champiñones y resérvelos. Disponga los champiñones en una bandeja de horno llana y píntelos con aceite.

2 Eche los tallos de champiñón, el chalote, el perejil y el cebollino en un robot de cocina y píquelo todo fino. Salpiméntelo.

3 Pase la picada a un cuenco grande, eche el queso ricotta y remuévalo bien.

4 Con una cucharada, reparta el ricotta a las hierbas sobre los champiñones. Hornéelos unos 15 o 20 minutos o hasta que estén tiernos. Sírvalos enseguida.

COMBINA CON

Unos panecillos de espelta caseros (véase pág. 38), naturales o tostados, son el acompañamiento perfecto para estos champiñones y empapan los jugos.

POR RACIÓN: 86 CAL | 7 G GRASAS | 3 G GRASAS SAT. | 49,5 G CARB. | 1 G AZÚC. | 0,1 G SAL | 1,5 G FIBRA | 5 G PROT.

TORTITAS DE CALABACÍN

Rápidos de preparar, estas tortitas ayudan a empezar el día saciado. La harina de arroz integral es una alternativa nutritiva a la harina de trigo y no contiene gluten.

PARA: 5 PERSONAS   PREP.: 20 MIN.   COCCIÓN: 40 MIN.

85 g / ½ taza de harina de arroz integral
1 cucharadita de levadura
2 huevos batidos
200 ml / 1 taza de leche
1 calabacín (zucchini) entre mediano y grande
2 cucharadas de hojas de tomillo fresco
1 cucharada de aceite de oliva virgen
sal marina y pimienta al gusto

1 Tamice la harina y la levadura sobre un cuenco grande. Haga un hueco en el centro. Vierta los huevos en el hueco y, con una cuchara de madera, mézclelos poco a poco con la harina. Vierta lentamente la leche, sin dejar de remover, hasta obtener una masa viscosa.

2 Disponga papel de cocina sobre una bandeja, ralle el calabacín y vaya dejándolo sobre el papel para que absorba los jugos. Apriete bien el calabacín para que pierda todo el líquido y luego añádalo, junto con el tomillo, a la masa, salpimiéntela al gusto y mézclelo todo bien.

3 Caliente el aceite en una sartén a fuego entre medio y vivo. Con una cuchara, eche cucharadas de la masa en la sartén, dejando un pequeño espacio entre ellas. Fríalas por tandas, unos 3 o 4 minutos por cada cara, hasta que se doren.

4 Forre una bandeja de horno con papel de cocina. Con una espumadera, pase las tortitas a la bandeja de horno y déjelas escurrir bien. Retire el papel de cocina y manténgalas calientes mientras fríe el resto. Prepare unas cinco tortitas por comensal y sírvalas de inmediato.

UN TOQUE PICANTE

Estas tortitas resultan deliciosas mezclando una pizca de copos de pimienta roja machacada con la sal y la pimienta.

POR RACIÓN: 151 CAL | 6,8 G GRASAS | 2 G GRASAS SAT. | 16,6 G CARB. | 3,5 G AZÚC. | 1,4 G SAL | 1,3 G FIBRA | 5,9 G PROT.

BLINIS DE TRIGO SARRACENO CON PERA Y ARÁNDANOS

Estos panqueques al estilo ruso se servían para celebrar la llegada de la primavera, y se elaboran con harina de trigo sarraceno, muy nutritiva y con sabor a frutos secos.

PARA: 4 PERSONAS   PREP.: 25 MIN.
FERMENTACIÓN: 1 H   COCCIÓN: 25 MIN.

175 g / 1⅓ taza de harina de trigo sarraceno (alfalfa)
½ cucharadita de sal marina
2 cucharaditas de azúcar mascabado (de caña)
1 cucharadita de levadura seca instantánea
125 ml / ½ taza de leche
125 ml / ½ taza de agua
1 cucharada de aceite de oliva virgen

COBERTURA

25 g / 2 cucharadas de mantequilla (manteca) sin sal
2 peras sin las pepitas y en rodajas finas
150 g / 1 taza de arándanos azules
2 cucharadas de miel líquida
el zumo (jugo) de ½ limón
1 taza de yogur natural griego
una pizca de canela molida
25 g / ¼ taza de avellanas sin escaldar tostadas picadas gruesas

1   Vierta la harina, la sal, el azúcar y la levadura en un bol y mézclelo todo bien. Eche la leche y el agua en una cazuela y caliéntelas hasta que estén templadas. Incorpore la mezcla al bol, batiendo, hasta obtener una masa densa homogénea.

2   Tape el bol con un plato grande y déjelo reposar en un lugar templado entre 40 y 60 minutos o hasta que aparezcan burbujas en la superficie y la masa haya duplicado su tamaño.

3   Caliente la mitad del aceite en una sartén grande a fuego medio. Retire la sartén del fuego un instante y, con papel de cocina, empape el aceite sobrante. Devuelva la sartén al fuego y vierta en ella dos cucharadas de masa, dejando un poco de espacio entre ellas. Fríalas de 2 a 3 minutos o hasta que estén doradas por debajo y empiecen a burbujear por arriba.

4   Deles la vuelta a los blinis y fríalos por la otra cara 1 o 2 minutos. Dispóngalos en una bandeja de horno y manténgalos calientes mientras prepara el resto. Entre tanda y tanda, empape el aceite sobrante de la sartén con papel de cocina.

5   Para la mezcla de la cobertura, funda la mantequilla en una sartén a fuego medio. Añada la fruta y cuézala unos 2 o 3 minutos o hasta que esté caliente. Rocíela con la miel y el zumo de limón y continúe cociéndola 1 minuto más.

6   Disponga tres blinis en cada uno de los cuatro platos y reparta por encima cucharadas del yogur, la fruta caliente, un poco de canela molida y la avellanas. Sírvalos enseguida.

HARINA SIN GLUTEN

La harina de trigo sarraceno o alforfón se obtiene de una planta de la familia del ruibarbo. No contiene gluten, pero conviene comprobar la etiqueta, pues podría estar molida con máquinas que se usan para moler trigo y ser inadecuada para los celíacos.

POR RACIÓN: 437 CAL | 17,4 G GRASAS | 6,6 G GRASAS SAT. | 63,8 G CARB. | 26,6 G AZÚC. | 0,9 G SAL | 8,5 G FIBRA | 12,9 G PROT.

GACHAS DE TRIGO SARRACENO Y ALMENDRAS

Estas sencillas gachas no necesitan cocción y son una opción ideal para tener desayuno preparado en la nevera hasta tres días.

PARA: 6 PERSONAS   REMOJO: TODA LA NOCHE
PREP.: 45 MIN.   REFRIG.: 30 MIN.

70 g / ¾ taza de almendras sin escaldar,
remojadas en agua fría toda la noche
300 ml / 1¼ taza de agua
350 g / 2 tazas de granos de trigo sarraceno crudo a
medio moler, remojados en agua fría durante 1½ hora
1 cucharadita de canela molida
4 cucharadas de sirope de agave ligero
125 g / ¾ taza de fresas (frutillas) sin rabito y
laminadas, para acompañar

1 Para elaborar la leche de almendra, escurra las almendras y páselas a un robot de cocina. Agregue el agua y tritúrelas 1 o 2 minutos, hasta que queden lo más menudas posible.

2 Forre un colador con estopilla y colóquelo sobre un cuenco. Vierta la leche de almendras en el colador y déjela escurrir durante 30 minutos. Exprima el máximo líquido posible; debería obtener aproximadamente 300 ml / 1¼ taza de leche.

3 Aclare con abundante agua fría el trigo sarraceno que ha dejado en remojo. Páselo a un robot de cocina, añada la leche de almendras, la canela y 2 cucharadas de sirope de agave y triture las gachas hasta que queden ligeramente pastosas. Refrigérelas en el frigorífico al menos 30 minutos o durante toda la noche, si dispone de tiempo.

4 Sirva las gachas en boles pequeños, coronadas con las fresas y con las 2 cucharadas restantes de sirope de agave.

LECHE DE ALMENDRAS

Ideal para las personas con intolerancia a la lactosa, la leche de almendras es una opción fantástica para el desayuno. Las almendras son ricas en fibra, vitaminas y minerales, de manera que, además de tener un sabor delicioso, esta leche es muy nutritiva.

POR RACIÓN: 305 CAL | 7,4 G GRASAS | 0,8 G GRASAS SAT. | 55,9 G CARB. | 9,8 G AZÚC. | TRAZAS DE SAL | 8 G FIBRA | 9,4 G PROT.

COPOS DE AVENA PICANTES CON MANZANA

Añada sabor a los saludables copos de avena combinándolos con manzana, frutos secos y canela. Prepare los cereales el día antes de comérselos y consérvelos en el frigorífico durante toda la noche.

PARA: 6 PERSONAS PREP.: 30 MIN. COCCIÓN: 35 MIN.

4 manzanas Rome u otra variedad de manzana crujiente de piel roja
la ralladura fina de 1 limón sin encerar y el zumo (jugo) de ½ limón
½ cucharadita de aceite de oliva virgen, para engrasar
2 huevos extragrandes
150 ml / ⅔ taza de leche
50 g / ¼ taza de azúcar mascabado (de caña)
1 cucharadita de levadura
½ cucharadita de sal marina
½ cucharadita de canela molida
225 g / 2½ tazas de copos de avena
75 g / ½ taza de frutos secos (pasas, arándanos, cerezas, albaricoques troceados o un surtido)
15 g / 1 cucharada de mantequilla (manteca) sin sal

1 Pele dos de las manzanas, quíteles el corazón, trocéelas y póngalas en un cazo. Añada el zumo y la ralladura de limón y cuézalas a fuego entre lento y medio durante unos 5 o 10 minutos, hasta que estén tiernas. Macháquelas hasta obtener una pasta homogénea y déjelas enfriar.

2 Precaliente el horno a 190°C/375°F. Unte una bandeja de horno poco profunda con aceite. Casque los huevos en un bol, agregue la leche y bátalos hasta que queden bien mezclados. Añada la manzana machacada, la levadura, la sal y la canela, y remuévalo todo bien. Quíteles el corazón a las dos manzanas restantes, córtelas en dados e incorpórelas a la mezcla.

3 Con un cucharón, vierta la mezcla en la bandeja preparada. Funda la mantequilla en un cazo y rocíela por encima de la avena. Hornéelo todo unos 25 minutos o hasta que empiece a burbujear. Deje enfriar el plato antes de servirlo.

COPOS DE AVENA

Los copos de avena son cereales con contenido en proteínas, vitamina B y vitamina E. Su atractivo radica en su simplicidad, y su popularidad como cereales para el desayuno ha crecido a pasos agigantados en los últimos años.

POR RACIÓN: 300 CAL | 8 G GRASAS | 3 G GRASAS SAT. | 50 G CARB. | 26 G AZÚC. | 0,7 G SAL | 5 G FIBRA | 9 G PROT.

MUESLI DE SEMILLAS Y ARÁNDANOS

*Una alternativa dulce y natural al muesli comercializado, este desayuno
con frutas y frutos secos contiene multitud de nutrientes y es tan delicioso
que nadie en la familia podrá resistirse.*

PARA: 6 PERSONAS
PREP.: 15 MIN.   REMOJO: 1 H

175 g / 2 tazas de copos de avena
60 g / 1/2 taza de copos de centeno
75 g / 3/4 taza de almendras sin blanquear
picadas gruesas
50 g / 1/3 taza de arándanos rojos secos
2 cucharadas de pipas de girasol
2 cucharadas de pipas de calabaza
2 cucharadas de semillas de lino
2 manzanas Fiji, Red Delicious u otra variedad
dulce y crujiente, sin el corazón y ralladas gruesas
400 ml / 1 1/2 taza de zumo (jugo) de manzana recién
exprimido, y un poco más para servir

1 Eche los copos de avena y de centeno, las almendras, los
arándanos, las pipas de girasol y de calabaza y las semillas de
lino en un cuenco grande y mézclelo todo bien. Incorpore las
manzanas.

2 Añada el zumo de manzana, remueva la mezcla, tápela y
déjela en remojo durante 1 hora o bien déjela enfriar en el
frigorífico toda la noche.

3 Con un cucharón, reparta la mezcla en seis boles. Sirva los
cereales con una jarra pequeña de zumo de manzana recién
exprimido para regarlos.

PLANIFÍQUESE

Mezcle una gran cantidad de los
ingredientes secos y almacénelos en
un recipiente hermético un máximo de
cuatro semanas, listos para añadirles
la manzana y el zumo de manzana a la
hora de servir.

POR RACIÓN: 330 CAL | 13 G GRASAS | 2 G GRASAS SAT. | 36 G CARB. | 14 G AZÚC. | TRAZAS DE SAL | 8 G FIBRA | 9 G PROT.

PANECILLOS DE ESPELTA CON CONFITURA DE HIGOS ESPECIADA

¿Qué podría ser mejor que empezar el día con un poco de pan casero recién horneado? Además, esta conserva de higos es un modo fantástico para disfrutar de confitura casera.

PARA: 16 PANECILLOS Y 500 G / 2 TAZAS DE CONFITURA
PREP.: 45 MIN.
FERMENTACIÓN: TODA LA NOCHE + 50 MIN.
COCCIÓN: 45 MIN.

500 g / 4 tazas de harina de espelta integral
1 cucharada de azúcar mascabado (de caña)
1 cucharadita de sal marina
2 cucharaditas de levadura seca instantánea
2 cucharadas de semillas de sésamo, y un poco más
2 cucharadas de pipas de girasol, y un poco más
2 cucharadas de semillas de lino, y un poco más
2 cucharadas de aceite de oliva virgen, y un poco
más para engrasar
300–350 ml / 1 1/4–1 1/2 taza de agua templada
1 cucharadita de leche, para glasear
mantequilla (manteca) sin sal, para acompañar

CONFITURA DE HIGOS ESPECIADA
225 g / 1 taza de higos secos en dados
3 manzanas pequeñas dulces y crujientes, peladas,
sin el corazón y cortadas a cuadraditos
la ralladura fina y el zumo (jugo) de 1 naranja
1 cucharada de azúcar mascabado (de caña)
1/4 cucharadita de pimienta de Jamaica molida
250 ml / 1 taza de agua

ESTERILIZAR TARROS

Esterilice el tarro en el lavavajillas. También
puede hacerlo en el horno: precaliéntelo a
110 °C / 225 °F. Ponga los tarros en una bandeja de
horno con las tapas apoyadas en la parte superior
y hornéelos 30 minutos. Deje que se enfríen.

1 Eche la harina, el azúcar moreno y sal en un bol y mézclelo todo bien. Incorpore, removiendo, la levadura, las semillas de sésamo, las pipas de girasol y las semillas de lino. Agregue el aceite y luego añada poco a poco agua templada suficiente para obtener una masa homogénea; al principio trabájela con una cuchara de madera y luego directamente con las manos.

2 Espolvoree una superficie de trabajo con harina de espelta y luego trabaje la masa durante 5 minutos. Pásela otra vez al bol, cúbrala con film transparente ligeramente untado en aceite y déjela fermentar durante toda la noche en el frigorífico.

3 Entre tanto, para elaborar la confitura de higos especiada, eche los higos secos, las manzanas, la ralladura y el zumo de naranja, el azúcar moreno, la pimienta de Jamaica y agua en una cazuela. Tápela y déjelo hervir todo a fuego medio, removiendo de vez en cuando, unos 30 minutos o hasta que espese. Deje enfriar la confitura. Con un cucharón, pásela a un tarro esterilizado y déjela enfriar por completo. Puede guardarla en el frigorífico un máximo de 10 días.

4 Forre dos bandejas de horno con papel vegetal. Espolvoree una superficie de trabajo con más harina de espelta. Trabaje la masa brevemente y luego córtela en 16 porciones. Haga una pelota con cada porción; ponga una primera pelota en el centro de cada bandeja de horno y luego disponga las otras a su alrededor, dejando un poco de espacio entre ellas.

5 Cubra las bandejas de los panecillos con film transparente untado con un poco de aceite y deje crecer la masa en un lugar templado entre 40 y 50 minutos. Precaliente el horno a 220 °C / 425 °F. Retire el film transparente, pinte los panecillos con la leche y esparza por encima el resto de las pipas y las semillas. Hornéelos durante 15 minutos o hasta que estén dorados y suenen huecos al darles unos golpecitos por la base. Sírvalos con mantequilla y la confitura.

POR PANECILLO: 199 CAL | 4,4 G GRASAS | 0,5 G GRASAS SAT. | 37,5 G CARB. | 13,5 G AZÚC. | 0,4 G SAL | 6 G FIBRA | 6 G PROT.

REFRESCO DE CÍTRICOS

Prepare esta receta en un abrir y cerrar de ojos por la mañana o bien elabore el refresco por la noche y déjelo enfriar en el frigorífico en un recipiente de plástico hermético para tenerlo listo a la hora del desayuno.

PARA: 4 PERSONAS   PREP.: 20 MIN.

1 pomelo (toronja) de color rubí
1 pomelo (toronja) de color rosa
2 naranjas
1 melón chino cortado por la mitad, sin semillas, pelado y troceado
la ralladura fina y el zumo (jugo) de 1 lima
25 g/½ taza de menta fresca picada fina
2 cucharadas de miel líquida

1   Con un cuchillo pequeño de sierra, monde los pomelos y las naranjas y quíteles la piel blanca. Sostenga una de las frutas sobre un cuenco y vaya cortando entre las membranas para liberar los gajos. Exprima el jugo de las membranas en el cuenco. Proceda del mismo modo hasta haber desgajado todas las frutas.

2   Añada el melón, la ralladura y el zumo de limón y la mitad de la menta. Rocíe el refresco con la miel y remuévalo lentamente con una cuchara grande. Decórelo con el resto de la menta y sírvalo.

CULTIVO DE LA MENTA

La menta es una hierba tan prolífica que con solo plantar un paquete de semillas en una maceta grande normalmente tendrá suficientes provisiones para todo el verano.

POR RACIÓN: 170 CAL | 0,5 G GRASAS | 0,1 G GRASAS SAT. | 43,6 G CARB | 35 G AZÚC. | TRAZAS DE SAL | 4,9 G FIBRA | 2,3 G PROT.

ZUMO VERDE ENERGÉTICO

Si le gusta la sopa de espinacas, este zumo hará sus delicias. No extraerá de las hojas demasiada cantidad de zumo, pero el que obtenga será un concentrado de antioxidantes, minerales y vitaminas.

PARA: 1 PERSONA   PREP.: 10 MIN.

55 g/2 tazas de espinacas baby
25 g/1 taza de berros
1 calabacín (zucchini) cortado por la mitad
2 manzanas de piel roja dulces y crujientes
cortadas por la mitad
1 cucharadita de agropiro en polvo (opcional)
un puñadito de hielo (opcional)

1   Pase las espinacas y el berro y luego el calabacín y las manzanas por una licuadora.

2   Si utiliza agropiro, incorpórelo. Llene un vaso con hielo (si lo usa) hasta la mitad, vierta el zumo y sírvalo de inmediato.

PARA RECARGAR PILAS

La mayoría de nosotros no comemos suficientes verduras. Este zumo es una manera fácil de aumentar nuestra ingesta. Súmele a eso el alto valor nutritivo del agropiro en polvo y empezará la mañana con las pilas cargadas.

POR RACIÓN: 223 CAL | 1,3 G GRASAS | 0,5 G GRASAS SAT. | 51,4 G CARB. | 35,6 G AZÚC. | 0,1 G SAL | 1 G FIBRA | 6,4 G PROT.

BATIDO ENERGÉTICO DE BAYAS

Este batido energético de color llamativo es un modo delicioso y saludable de comenzar el día.

PARA: 2 PERSONAS   PREP.: 10 MIN.

175 g/1¼ taza de arándanos azules
115 g/1¼ taza de arándanos rojos
150 g/⅔ taza de yogur natural
2 cucharaditas de miel
4 cucharadas/¼ taza de agua fría

1 Eche los dos tipos de arándanos en una licuadora y bátalos hasta obtener una masa homogénea.

2 Agregue el yogur, la miel y el agua y vuelva a batirlo todo. Vierta el batido en un vaso y sírvalo.

MIEL Y SIMILARES

La miel proporciona energía en forma de carbohidratos simples y es una mezcla de fructosa y glucosa. Los alimentos dulces estimulan al cerebro a producir endorfinas, los analgésicos naturales del cuerpo. Puede utilizarse sirope de agave, de arroz integral o de dátiles en lugar de miel. El sirope de agave es más dulce que la miel. El sirope de arroz integral tiene un ligero sabor a caramelo, parecido al sirope de arce. El sirope de dátiles es un puré espeso y concentrado de dátiles ligeramente cocidos; puede elaborarlo hirviendo a fuego lento unos dátiles en un poco de agua con canela y vainilla y luego triturándolo.

POR RACIÓN: 288 CAL | 5,6 G GRASAS | 3,1 G GRASAS SAT. | 57,9 G CARB. | 40,5 G AZÚC. | 0,1 G SAL | 9,5 G FIBRA | 6,9 G PROT.

ALMUERZOS Y TAPAS

CREMA DE GUISANTES

Esta crema sencillísima de preparar tiene un delicioso y fresco sabor a verano. El queso azul salado contrasta con la dulzura de los guisantes.

PARA: 4 PERSONAS   PREP.: 20 MIN.   COCCIÓN: 25 MIN.

40 g/3 cucharadas de mantequilla (manteca) sin sal
2 chalotes (echalotes) picados finos
1 litro/4¼ tazas de caldo vegetal casero (véase pág. 16)
400 g/2²/₃ tazas de guisantes (arvejas, chícharos) sin vaina
60 g/¼ taza de crème fraîche o nata agria
sal marina y pimienta
85 g de queso azul, como roquefort, desmenuzado, para acompañar

PICATOSTES

2 rebanadas de pan de trigo integral casero (véase pág. 24) cortado en dados
2 cucharadas de aceite de oliva virgen

1 Para preparar los picatostes, precaliente el horno a 150 °C/300 °F. Reboce el pan en el aceite y espolvoree por encima ½ cucharadita de sal y ½ cucharadita de pimienta. Disponga los picatostes en una sola capa en una bandeja de horno y hornéelos durante 25 minutos.

2 En el ínterin, para preparar la crema, funda la mantequilla en una cazuela a fuego medio. Añada los chalotes y saltéelos unos 2 o 3 minutos, sin dejar de remover, hasta que estén tiernos. Incorpore el caldo y los guisantes, salpimiente la crema al gusto y llévela a ebullición. Déjela hervir a fuego lento unos 15 o 20 minutos o hasta que los guisantes estén tiernos.

3 Cuele los guisantes en un colador y reserve el caldo de la cocción. Pase los guisantes por la batidora hasta obtener una crema homogénea; devuelva la crema a la cazuela. Incorpore poco a poco el caldo de la cocción, sin dejar de remover, hasta obtener la consistencia deseada.

4 Recaliente la crema. Sin dejar de remover, vierta la crème fraîche o la nata agria y corrija de sal y pimienta, si es preciso. Sirva la crema de inmediato, con los picatostes y el queso azul desmenuzado por encima.

GUISANTES, ORO PURO

Los guisantes son una fuente fantástica de antioxidantes y nutrientes antiinflamatorios, cosa que los convierte en un alimento muy saludable.

POR RACIÓN: 343 CAL | 22,6 G GRASAS | 12 G GRASAS SAT. | 22,8 G CARB. | 7,5 G AZÚC. | 3,7 G SAL | 6 G FIBRA | 11,8 G PROT.

CREMA DE TOMATES ASADOS

Si no encuentra tomates pera, elija la variedad que haya disponible para preparar esta crema; si son de su propio huerto, ¡mejor!

PARA: 4 PERSONAS   PREP.: 25 MIN.   COCCIÓN: 1³/4 H

1,3 kg o unos 20 tomates pera (ciruela)
cortados por la mitad
1 cebolla roja picada gruesa
6 dientes de ajo
4 cucharadas/¹/4 taza de aceite de oliva virgen
6 ramitas de tomillo fresco,
y un poco más para decorar
1 litro/4 tazas de caldo vegetal
casero (véase pág. 16)
el zumo (jugo) de ¹/2 limón
sal marina y pimienta al gusto

PICATOSTES DE QUESO

3¹/2 rebanadas de pan de trigo integral casero
(véase pág. 24) cortado en dados
25 g/1 onza de parmesano rallado fino

1 Precaliente el horno a 160°C/325°F. Disponga los tomates, la cebolla roja y el ajo en una fuente refractaria grande formando una sola capa; coloque los tomates con la cara cortada hacia arriba. Rocíelos con 2 cucharadas de aceite, ¹/2 cucharadita de sal, 1 cucharadita de pimienta y el tomillo. Hornéelos unos 45 minutos o hasta que estén tiernos.

2 Para preparar los picatostes de queso, baje la temperatura del horno a 150°C/300°F. Reboce el pan en el resto del aceite y espolvoree por encima ¹/2 cucharadita de sal y ¹/2 cucharadita de pimienta. Disponga los picatostes en una sola capa en una bandeja de horno y hornéelos durante 25 minutos. Reparta por encima el queso y hornéelos 5 minutos más o hasta que el queso empiece a dorarse.

3 Pase la mezcla de tomate y cebolla y el caldo por la batidora hasta obtener una crema homogénea, por tandas, si es preciso.

4 Vierta la crema en una olla y llévela a ebullición a fuego vivo. Baje el fuego a medio y déjela cocer a fuego lento 15 minutos, removiendo de vez en cuando. Justo antes de servirla, incorpore el zumo de limón y remuévala. Sirva la crema de inmediato, con los picatostes y tomillo por encima.

EL AJO Y LA CEBOLLA

La cebolla y el ajo son antibióticos naturales, lo cual convierte esta crema en una buena opción si se tiene una infección, como un resfriado.

POR RACIÓN: 315 CAL | 21,9 G GRASAS | 2 G GRASAS SAT. | 25,6 G CARB. | 7,6 G AZÚC. | 1,6 G SAL | 4,3 G FIBRA | 5,8 G PROT.

HUMMUS DE HABAS Y MENTA CON PALITOS DE HORTALIZAS

Este hummus, elaborado con habas recién sacadas de la vaina y aromatizado con unas hierbas troceadas y zumo de limón, resulta delicioso sobre pan de pita casero templado.

PARA: 4 PERSONAS PREP.: 25 MIN. COCCIÓN: 10 MIN.

350 g / 2 1/3 tazas de habas (porotos, frijoles) sin vaina
2 cucharadas de aceite de oliva virgen
1 cucharadita de semillas de comino majadas
3 cebolletas (cebollas de verdeo) en rodajas finas
2 dientes de ajo picados finos
25 g / 1/2 taza de menta fresca desmenuzada
25 g / 1/2 taza de perejil fresco picado fino
el zumo (jugo) de 1 limón
60 g / 1/3 taza de yogur natural al estilo griego
sal marina y pimienta

PARA ACOMPAÑAR

1 pimiento (morrón) rojo y 1 amarillo, sin semillas y cortados en tiras
4 tallos de apio cortados en tiras
1/2 pepino por la mitad, sin semillas y cortado en tiras
1 ración de pan de pita (véase pág. 72), cortado en tiras (opcional)

1 Llene con agua la base de una vaporera hasta la mitad y llévela a ebullición; luego ponga las habas en la cesta de la vaporera, tápelas con una tapadera y cuézalas al vapor durante 10 minutos o hasta que estén tiernas.

2 Entre tanto, caliente el aceite en una sartén a fuego medio. Añada el comino, las cebolletas y el ajo y sofríalos 2 minutos o hasta que las cebolletas estén tiernas.

3 Pase las habas a un robot de cocina, añada la mezcla de las cebolletas, las hierbas aromáticas, el zumo de limón y el yogur y aderécelo todo con un poco de sal y pimienta. Tritúrelo hasta obtener un puré grumoso y luego páselo con un cucharón a un plato colocado sobre una bandeja.

4 Disponga los palitos de hortalizas alrededor del hummus y sirva el plato con pan de pita, si lo usa.

PESAR LAS HABAS

A modo de guía aproximada, deberá comprar unos 750 g / 1,10 libras de habichuelas con vaina para obtener aproximadamente 350 g / 2 1/3 tazas de habas.

POR RACIÓN: 446 CAL | 13,7 G GRASAS | 2,5 G GRASAS SAT. | 67,7 G CARB. | 8,4 G AZÚC. | 2,3 G SAL | 15,5 G FIBRA | 19,1 G PROT.

CHIPS DE TUBÉRCULOS CON SALSA DE YOGUR A LAS FINAS HIERBAS

Elaborar chips de hortalizas es asombrosamente fácil, y así se asegura de que no tengan conservantes ni potenciadores del sabor añadidos.

PARA: 4 PERSONAS   PREP.: 30 MIN.
COCCIÓN: 16 MIN.   ENFRIAMIENTO: 15 MIN.

1 kg de tubérculos, como zanahorias, chirivías o boniatos (batatas, camotes) y remolachas en rodajas finas
4 cucharadas/¼ taza de aceite de oliva virgen
sal marina y pimienta al gusto

SALSA DE AJO A LAS FINAS HIERBAS

200 g/1 taza de yogur natural al estilo griego
2 dientes de ajo picados finos
4 cucharadas/¼ taza de hierbas aromáticas picadas finas como perejil, cebollino (ciboulette), albahaca y orégano

1 Precaliente el horno a 200°C/400°F. Para preparar la salsa de ajo y finas hierbas, con una cuchara pase el yogur a un bol y luego incorpore el ajo y las hierbas y salpimiéntelo al gusto. Tape la salsa y refrigérela en el frigorífico.

2 Ponga las hortalizas en un cuenco grande. Rocíelas lentamente con el aceite, dándoles la vuelta con cuidado mientras lo hace, hasta que queden bien impregnadas.

3 Disponga las hortalizas sobre tres bandejas de horno formando una sola capa y salpimiéntelas. Áselas unos 8 o 10 minutos y compruebe si están hechas: las que estén en las esquinas de las bandejas se asarán más rápidamente; pase las chips que ya estén crujientes y doradas a una rejilla metálica. Ase el resto de las chips unos 2 o 3 minutos y luego transfiera las que ya estén listas a la rejilla. Hornee las rodajas restantes 2 o 3 minutos también, páselas a la rejilla y déjelas enfriar.

4 Disponga las chips de hortalizas en una fuente; con una cuchara, pase la salsa a un cuenco pequeño y sírvalas.

TUBÉRCULOS A RODAJAS

Para cortar las hortalizas a rodajas finas, lo ideal es utilizar una mandolina. Si no tiene una, puede hacerlo perfectamente con un cuchillo pequeño y afilado.

POR RACIÓN: 320 CAL | 16,4 G GRASAS | 3,7 G GRASAS SAT. | 37,7 G CARB. | 14,7 G AZÚC. | 1,8 G SAL | 8,4 G FIBRA | 7,8 G PROT.

SURTIDO DE FRUTAS, FRUTOS SECOS Y SEMILLAS

Este crujiente tentempié es una alternativa maravillosa a los aperitivos comerciales para mantener a raya el hambre durante el día.

PARA: 400 G / 2²/₃ TAZAS
(1 RACIÓN CORRESPONDE APROX. A 15 G / 2 CUCHARADAS)
PREP.: 10 MIN.   COCCIÓN: 10 MIN.

200 g/2 tazas de almendras sin escaldar
25 g/3 cucharadas de piñones
15 g/2 cucharadas de pipas de calabaza
25 g/3 cucharadas de pipas de girasol
25 g/¹/₄ taza de rodajitas de plátano (banana)
deshidratadas
55 g/¹/₃ taza de dátiles descarozados y troceados
2 cucharadas de salvado de avena
¹/₂ cucharadita de pimienta de Jamaica molida
1 clara de huevo mediano

1 Precaliente el horno a 200°C/400°F. Ponga las almendras, los piñones, las pipas de girasol y de calabaza, las rodajitas de plátano, los dátiles, el salvado de avena y la pimienta de Jamaica en un cuenco grande y mézclelo todo bien.

2 Bata ligeramente la clara de huevo con un tenedor. Agréguelo a los frutos secos y remuévalos para impregnar todos los ingredientes de manera uniforme.

3 Extienda la mezcla en una bandeja refractaria grande formando una sola capa. Hornéela de 8 a 10 minutos, hasta que quede crujiente y ligeramente dorada.

4 Déjela enfriar por completo. Sirva el surtido o guárdelo en un recipiente hermético y consúmalo antes de cinco días.

COMO ALTERNATIVA...

Para elaborar un surtido salado, sustituya las rodajitas de plátano y los dátiles por 85 g/²/₃ taza de anacardos y la pimienta de Jamaica por 1 cucharadita de curry en polvo y una pizca generosa de sal marina.

POR RACIÓN: 75 CAL | 6 G GRASAS | 0,5 G GRASAS SAT. | 2,5 G CARB. | 1 G AZÚC. | TRAZAS DE SAL | 1 G FIBRA | 2,5 G PROT.

DELICIAS DE PAVO CON ENSALADA DE COL LOMBARDA Y COL RIZADA

Olvídese del pollo frito; esta versión con pavo horneado y crujiente es fácil y rápida de preparar… y mucho más sana.

PARA: 4 PERSONAS PREP.: 20 MIN. COCCIÓN: 15 MIN.

70 g/¹⁄₃ taza de semillas de lino
40 g/¹⁄₃ taza de semillas de sésamo
2 huevos
450 g de pechuga de pavo sin piel ni huesos y cortada en lonchas finas
3 cucharadas de aceite de oliva virgen
sal marina y pimienta al gusto

ENSALADA DE COL LOMBARDA Y COL RIZADA

115 g/1¹⁄₄ taza de col lombarda (repollo colorado) en juliana
25 g/¹⁄₃ taza de col (repollo) rizada en juliana
1 zanahoria en juliana
1 manzana Golden Delicious, Red Delicious, Pink Lady u otra variedad dulce y crujiente, sin el corazón y rallada gruesa
1 cucharadita de semillas de alcaravea (comino)
60 g/¹⁄₄ taza de yogur natural al estilo griego

1 Precaliente el horno a 220 °C/425 °F e introduzca una fuente refractaria grande para precalentarla.

2 Para la ensalada, disponga la col lombarda, la col rizada y la zanahoria en un cuenco y remuévalas bien. Agregue la manzana, las semillas de alcaravea y yogur, sal y pimienta al gusto, y mézclelo todo bien. Refrigérela en el frigorífico.

3 Ponga las semillas de lino en un molinillo o una trituradora y píquelas gruesas. Agregue las semillas de sésamo y tritúrelo todo unos segundos más. Vuelque la mezcla en un plato.

4 Casque los huevos en un plato poco profundo, salpiméntelos y bátalos ligeramente con un tenedor.

5 De una en una, sumerja los filetes de pavo en los huevos y rebócelos en la mezcla por ambas caras. Pinte la fuente refractaria caliente con un poco de aceite, incorpore los filetes de pavo y rocíelos con un poco más de aceite.

6 Hornee el pavo durante 15 minutos o hasta que esté dorado y hecho por dentro, dándoles la vuelta a los filetes una vez. Corte una de las delicias de pavo más grandes por la mitad para verificar que la carne ya no sea rosada. Los jugos que manen deberían ser transparentes y humear por el calor. Sirva las delicias de pavo con la ensalada de col.

VERSIÓN LIGERA

Eche un poco de aceite en un rociador pequeño accionado mediante bomba y utilícelo para rociar el pavo con una nebulosa de aceite antes de hornearlo.

POR RACIÓN: 471 CAL | 27 G GRASAS | 4,2 G GRASAS SAT. | 21,3 G CARB. | 8,6 G AZÚC. | 1,8 G SAL | 9,2 G FIBRA | 38,4 G PROT.

HAMBURGUESAS DE PESCADO

Estas hamburguesas de pescado pueden elaborarse el día antes y guardarse en el frigorífico, listas para hornearlas 30 minutos antes de comer.

PARA: 4 PERSONAS   PREP.: 45 MIN.
REFRIG.: 30 MIN.   COCCIÓN: 50 MIN.

4 patatas (papas) rojas troceadas
500 g de filetes de pescado blanco firme
25 g/2 cucharadas de mantequilla (manteca) sin sal
la ralladura fina y el zumo (jugo) de 1 limón sin encerar
4 cucharadas/¼ taza de leche
25 g/¼ taza de perejil fresco picado fino
40 g/1 taza de cebollino (ciboulette) fresco picado fino
1 huevo
4 rebanadas de pan de trigo integral casero (véase pág. 24), triturado en un robot de cocina para hacer el pan rallado
40 g/1½ onza de parmesano rallado fino
1 cucharada de aceite de oliva virgen
sal marina y pimienta al gusto
85 g/3 tazas de ensalada variada, para acompañar
limón en cuñas, para acompañar

SALSA TÁRTARA DE ACEITUNAS

70 g/¾ taza de aceitunas verdes y negras marinadas a las hierbas y troceadas
150 g/⅔ taza de yogur natural

COMPRAR PESCADO

A la hora de comprar pescado, sea en el supermercado o en la pescadería, busque el logotipo de certificación del Consejo de Administración del Mar.

1   Llene con agua hasta la mitad la base de una vaporera, llévela a ebullición y, cuando rompa a hervir, eche las patatas al agua y cuézalas durante 15 minutos. Ponga el pescado en la cesta de la vaporera, formando una sola capa, tápelo con una tapadera y cuézalo al vapor entre 8 y 10 minutos, o hasta que se desmenuce fácilmente al presionarlo con un cuchillo y las patatas estén tiernas.

2   Escurra las patatas, añada la mantequilla, la ralladura y el zumo de limón y 2 cucharadas de leche, y macháquelo todo bien. Quítele la piel al pescado, desmenúcelo en trocitos y agréguelo al puré, con 15 g de perejil y 15 g de cebollino y un poco de sal y pimienta, y mézclelo todo con mucho cuidado.

3   Reparta la mezcla en ocho porciones, dele a cada una forma de hamburguesa y déjelas enfriar.

4   Casque el huevo en un bol poco profundo, añada las 2 cucharadas de leche restantes y bátalo todo con un tenedor. Ponga el pan rallado, el resto del perejil, 15 g/¼ taza del cebollino y el parmesano en un plato y mézclelo todo bien. De una en una, bañe las hamburguesas en el huevo y luego rebócelas hasta que queden bien cubiertas. Enfríelas en el frigorífico durante 30 minutos.

5   Precaliente el horno a 200°C/400°F. Unte una fuente refractaria grande con un poco de aceite, disponga en ella las hamburguesas de pescado y rocíelas con un poco más de aceite. Hornéelas de 25 a 30 minutos, dándoles la vuelta una vez a media cocción, hasta que estén bien doradas y muy calientes.

6   Para elaborar la salsa tártara con aceitunas, ponga las aceitunas, el yogur, el resto del cebollino y sal y pimienta en un bol, y mézclelo todo bien. Sirva las hamburguesas con la salsa, la ensalada y gajos de limón para rociar por encima.

POR RACIÓN: 400 CAL | 15,9 G GRASAS | 7 G GRASAS SAT. | 33,2 G CARB. | 5,1 G AZÚC. | 3,2 G SAL | 4,8 G FIBRA | 31,3 G PROT.

BERENJENAS RELLENAS

Disfrute de este plato con una ensalada verde y patatas nuevas baby a modo de almuerzo al sol. La quinoa se procesa para eliminar las sustancias amargas, pero es supernutritiva.

PARA: 4 PERSONAS   PREP.: 30 MIN.   COCCIÓN: 50 MIN.

2 berenjenas
1 cucharada de aceite de oliva virgen
1 cebolla pequeña picada
2 dientes de ajo picados finos
140 g / 3/4 taza de quinoa blanca
350 ml / 1 1/2 taza de caldo vegetal casero
(véase pág. 16)
25 g / 1/4 taza de almendras sin escaldar,
en láminas muy finas y tostadas
2 cucharadas de menta fresca picada fina,
y unas ramitas más para decorar
85 g / 3 onzas de queso feta, escurrido y desmenuzado
sal marina y pimienta al gusto

1   Precaliente el horno a 230°C / 450°F. Disponga las berenjenas en una bandeja de horno y áselas unos 15 minutos o hasta que estén tiernas. Déjelas enfriar ligeramente.

2   Corte cada berenjena en dos a lo largo y, con una cuchara, extráigales la pulpa, dejando un borde de 5 mm de grosor por dentro de la piel para que no pierdan la forma. Trocee la pulpa.

3   Caliente el aceite en una sartén grande a fuego entre medio y vivo. Añada la cebolla y el ajo y sofríalos 5 minutos o hasta que estén tiernos. Agregue la quinoa, el caldo, la pulpa de la berenjena, una cucharadita de sal y una pizca de pimienta. Baje el fuego a entre medio y lento, y cuézalo todo unos 15 minutos o hasta que la quinoa esté hecha. Retire la sartén del fuego e incorpore las almendras, la menta y la mitad del feta.

4   Reparta la mezcla de quinoa entre las pieles de berenjena y esparza por encima el resto del feta. Hornee las berenjenas unos 10 o 15 minutos o hasta que el feta burbujee y empiece a dorarse. Decore el plato con las ramitas de menta y sírvalo.

LA BERENJENA

La berenjena es rica en antioxidantes, muchas de las vitaminas B y minerales, como el manganeso, el cobre, el yodo y el potasio.

POR RACIÓN: 287 CAL | 14 G GRASAS | 4,2 G GRASAS SAT. | 29 G CARB. | 9 G AZÚC. | 2,1 G SAL | 9 G FIBRA | 12,5 G PROT.

TALLARINES CON CALABAZA ASADA Y PESTO DE NUECES

La calabaza asada combina a las mil maravillas con un pesto de nueces casero. Elabore pesto de sobra y guárdelo en el frigorífico hasta dos días.

PARA: 4 PERSONAS   PREP.: 20 MIN.   COCCIÓN: 25 MIN.

1 kg/3 tazas de rodajas de calabaza de 2 cm/
³/4 pulgada de grosor peladas y sin semillas
2 cucharadas de aceite de oliva virgen
500 g de tallarines de trigo integral frescos
escamas de sal marina y pimienta al gusto

PESTO DE NUECES

85 g/³/4 taza de nueces troceadas
6 cucharadas/¹/3 taza de aceite de oliva virgen
15 g/¹/3 taza de albahaca fresca
25 g/1 onza de parmesano recién cortado en virutas,
y un poco más para acompañar
70 g/2¹/2 tazas de hojas de rúcula

1   Precaliente el horno a 200°C/400°F. Disponga la calabaza en una bandeja refractaria grande formando una sola capa. Rocíela con el aceite y salpiméntela al gusto. Ásela unos 20 o 25 minutos o hasta que esté tierna.

2   Entre tanto, para elaborar el pesto, ponga las nueces en una sartén grande y áselas unos 2 o 3 minutos o hasta que empiecen a dorarse. Transfiéralas a un robot de cocina, vierta el aceite y píquelas toscamente. Agregue la albahaca, el queso y la mitad de las hojas de rúcula y siga triturando hasta obtener un pesto grumoso.

3   Lleve a ebullición una cacerola grande con agua, eche los tallarines, cuézalos 3 o 4 minutos o de acuerdo con las instrucciones del envase, hasta que queden al dente.

4   Escurra la pasta y reserve un poco del agua de cocción. Devuelva la pasta a la cacerola. Corte la calabaza en dados y agréguelos a la pasta. Riéguela con el pesto y remuévala bien (añada un poco del agua de la cocción reservada si desea que la pasta quede más líquida). Esparza el resto de la rúcula.

5   Con un cucharón, reparta los tallarines en cuencos y sírvalos con un poco más de queso.

VERSIÓN LIGERA

Mezcle la calabaza asada y el pesto de nueces con hojas de ensalada verdes, en lugar de pasta, para disfrutar de un almuerzo más ligero.

POR RACIÓN: 808 CAL | 49,9 G GRASAS | 8,2 G GRASAS SAT. | 74,7 G CARB. | 4,5 G AZÚC. | 1,9 G SAL | 11,1 G FIBRA | 25,5 G PROT.

ENSALADA DE REMOLACHA ASADA Y FARRO

La remolacha tiene un bajo contenido en grasa, muchas vitaminas y minerales y montones de antioxidantes, además de un sabor delicioso.

PARA: 4 PERSONAS PREP.: 20 MIN. COCCIÓN: 40 MIN.

2 remolachas crudas (aprox. 175 g/6 onzas) en cuartos
3 ramitas de tomillo fresco
5 cucharadas/¹/₃ taza de aceite de nueces
100 g/²/₃ taza de farro aclarado
1 pimiento rojo grande cortado por la mitad a lo largo y sin semillas
25 g/¹/₄ taza de nueces picadas gruesas
85 g/3 tazas de hojas de rúcula
vinagre balsámico espeso, para aderezar
sal marina y pimienta al gusto

1 Precaliente el horno a 190°C/375°F y la parrilla a fuego máximo. Recorte cuadrados de papel de aluminio.

2 Reparta la remolacha y el tomillo entre los cuadrados de papel de aluminio. Rocíelos con un poco de aceite y salpimiéntelos al gusto. Forme paquetitos, sellándolos por los bordes, y dispóngalos en una bandeja de horno. Áselos unos 30 o 40 minutos o hasta que esté tierna.

3 Entre tanto, eche el farro en un cazo, cúbralo con agua y agregue ¹/₂ cucharadita de sal. Llévelo a ebullición y luego reduzca el fuego, tape el cazo y déjelo hervir unos 20 minutos, o según las instrucciones del envase, hasta que los granos estén tiernos. Escurra el farro y transfiéralo a un plato.

4 Ponga las mitades de pimiento rojo con la cara cortada hacia abajo en la parrilla y áselas unos 10 minutos. Cúbralas con un paño limpio y déjelas reposar 10 minutos. Retírelas de la parrilla, deseche las pieles y pique gruesa la pulpa.

5 Reparta el farro cocido entre cuatro platos. Corte los cuartos de remolacha por la mitad, dispóngalos por encima del farro y remueva bien. Esparza por encima el pimiento rojo, las nueces y la rúcula.

6 Rocíelo todo con el resto del aceite y un poco de vinagre balsámico. Sirva enseguida.

ALTERNATIVA

Esta ensalada también funciona bien con cebada. Si la usa, deberá cocerla durante 35 minutos.

POR RACIÓN: 315 CAL | 21,9 G GRASAS | 2 G GRASAS SAT. | 25,6 G CARB. | 7,6 G AZÚC. | 1,6 G SAL | 4,3 G FIBRA | 5,8 G PROT.

TARTA INTEGRAL DE ESPINACAS, GUISANTES Y QUESO FETA

La base horneada y sin rellenar puede congelarse sin problemas, así que ¿por qué no preparar dos, rellenar una para comerla ahora y guardar la otra para otro día?

PARA: 6 PERSONAS   PREP.: 30 MIN.   REFRIG.: 30 MIN.
COCCIÓN: 1 H 10 MIN.   ENFRIAMIENTO: 20 MIN.

40 g / 3 cucharadas de mantequilla (manteca) sin sal
3 cebolletas (cebollas de verdeo) en rodajas finas
200 g / 7 tazas de espinacas baby
100 g / 2/3 taza de guisantes (arvejas, chícharos) sin vaina
3 huevos
250 ml / 1 taza de leche
100 g / 3 1/2 onzas de queso feta, escurrido y desmenuzado
115 g de tomatitos cherry
sal marina y pimienta al gusto

HOJALDRE

115 g / 1 pastilla de mantequilla (manteca) sin sal en dados
225 g / 1 3/4 taza de harina de trigo integral, y un poco
más para espolvorear
2 huevos batidos

TRUCOS PARA EL HOJALDRE

La harina de trigo integral aporta al hojaldre un delicioso sabor a fruto seco, pero puede resultar difícil de trabajar. Si se le rompe al forrar el molde, basta con cerrar las grietas presionando ambas partes juntas o colocando un parche por encima con los restos de masa y sujetarla en su sitio con un poco de huevo o agua.

1 Para la masa, ponga la mantequilla y la harina en un bol, y añada sal y pimienta. Vaya mezclando la mantequilla con la harina hasta obtener una masa grumosa fina. Vaya incorporando el huevo hasta obtener una masa homogénea, pero no pegajosa.

2 Enharine la superficie de trabajo con harina de trigo integral. Amase la masa con cuidado y luego extiéndala con un rodillo. Levante la masa sobre el rodillo, introdúzcala en un molde de tarta desmontable de 25 cm / 10 pulgadas de diámetro y presiónela para adherirla bien a las paredes de este. Recórtela de manera que sobresalga un poco por encima del borde superior del molde y pinche la base con un tenedor.

3 Tape la base de tarta con film transparente y refrigérela en el frigorífico de 15 a 30 minutos. Mientras, precaliente el horno a 190 °C / 375 °F.

4 Para el relleno, funda la mantequilla en una sartén a fuego medio. Añada las cebolletas y fríalas unos 2 o 3 minutos o hasta que estén tiernas. Agregue las espinacas, suba el fuego y fríalas, removiendo, hasta que mengüen. Déjelas enfriar.

5 Cueza los guisantes en un cazo con agua hirviendo durante 2 minutos. Escúrralos y, a continuación, sumérjalos en agua gélida y vuélvalos a escurrir. Casque los huevos en un cuenco pequeño, agregue la leche, salpiméntelos y bátalos.

6 Forre la base de la tarta con una hoja de papel vegetal, añada unos pesos para tarta o unas habas secas, y colóquela sobre una bandeja de horno. Hornéela durante 10 minutos y luego retire el papel y los pesos, y devuélvala al horno 5 minutos más o hasta que la base empiece a estar crujiente.

7 Cuele los jugos de cocción de las cebolletas y las espinacas sobre los huevos. Distribuya la mezcla de cebolleta por el interior del molde de tarta, agregue los guisantes y esparza por encima el queso. Bata los huevos con la leche una vez más y viértalos en el molde de la tarta. Decore el relleno repartiendo los tomates por encima. Hornee la tarta durante 40 o 50 minutos, hasta que adquiera consistencia y se dore. Déjela enfriar durante 20 minutos y luego sírvala.

POR RACIÓN: 458 CAL | 29,4 G GRASAS | 16,9 G GRASAS SAT. | 34,9 G CARB. | 4,8 G AZÚC. | 2,1 G SAL | 6 G FIBRA | 16,8 G PROT.

PIZZAS VEGETALES MEDITERRÁNEAS

Preparar una pizza puede parecer muy laborioso, pero, en realidad, es muy fácil y una manera fantástica de estimular a los niños a cocinar.

PARA: 4 PERSONAS   PREP.: 50 MIN.
FERMENTACIÓN: 1 H   COCCIÓN: 30 MIN.

500 g de tomates pera (ciruela) cortados por la mitad
1 cebolla roja cortada en 8 cuñas
1 berenjena cortada por la mitad y en rodajas
1 pimiento (morrón) rojo
y 1 amarillo cortados en dados y sin semillas
2 calabacines (zucchini) pequeños en rodajas
3 cucharadas de aceite de oliva virgen,
y un poco más para aderezar
15 g / 1/3 taza de hojas de albahaca,
y un poco más para decorar
2 cucharaditas de vinagre balsámico añejo
175 g de queso de cabra desmenuzado
escamas de sal marina y pimienta al gusto

MASA DE PIZZA
250 g / 2 tazas de harina de trigo integral,
y un poco más para espolvorear
1/2 cucharadita de sal marina
1 cucharadita de azúcar moreno (negro) envasado
1 cucharadita de levadura seca instantánea
1 cucharada de aceite de oliva virgen
150–175 ml / 2/3–3/4 taza de agua templada

1   Precaliente el horno a 220 °C / 425 °F. Para la masa de las pizzas, eche la harina, sal, azúcar y levadura en un cuenco y remuévalo bien. Agregue el aceite e incorpore agua templada hasta obtener una masa homogénea, pero no pegajosa.

2   Enharine una superficie de trabajo. Trabaje la masa durante 5 minutos, hasta que quede homogénea y elástica. Devuélvala al cuenco, tápela con un paño y déjela en un lugar templado durante 45 minutos o hasta que duplique su tamaño.

3   Disponga los tomates y la cebolla roja en una bandeja de horno. Distribuya la berenjena y los pimientos, con la cara cortada hacia abajo, en otra bandeja de horno. Extienda el calabacín en una tercera bandeja de horno. Aderece las hortalizas con un poco de aceite y salpiméntelas. Áselas durante 15 minutos y saque el calabacín. Continúe asando el resto 5 minutos más. Envuelva los pimientos en papel de aluminio y déjelos enfriar. Después, córtelos en aros.

4   Pele y deseche la piel de los tomates y trocéelos junto con la cebolla y la albahaca. Mézclelo con el vinagre.

5   Enharine dos bandejas de horno. Trabaje la masa, córtela en dos trozos y extiéndalos formando un óvalo de 30 x 15 cm / 12 x 6 pulgadas. Dispóngalos en las bandejas de horno y reparta la mezcla de tomate sobre ellos. Corone las pizzas con las hortalizas asadas. Déjelas crecer durante 15 minutos.

6   Esparza por encima el queso de cabra y hornee las pizzas 10 minutos o hasta que la corteza quede crujiente y el queso se haya fundido. Rocíelas con un poco más de aceite y espolvoree la albahaca. Córtelas en porciones y sírvalas enseguida.

LA ESTUPENDA LEVADURA FRESCA

La levadura seca instantánea es un producto ideal para tener en la despensa, pero, si prefiere usar levadura fresca, puede adquirirla en una panadería. Desmenuce 2 cucharaditas de levadura fresca y mézclela con azúcar y, a continuación, con la mitad del agua templada. Resérvela unos 15 minutos o hasta que el líquido empiece a espumar y échela en la harina con el resto de los ingredientes. Guarde la levadura sobrante en un recipiente hermético en el frigorífico un máximo de tres días.

POR RACIÓN: 595 CAL | 30,3 G GRASAS | 11,2 G GRASAS SAT. | 66,1 G CARB. | 13,2 G AZÚC. | 2,8 G SAL | 14,3 G FIBRA | 21,6 G PROT.

FALAFEL DE REMOLACHA CON PAN DE PITA

Estos falafeles de color rubí tienen fragancia a comino y zumaque y se preparan en el horno. Sírvalos con pan de pita casero y una salsa de yogur para mojar.

PARA: 4 PERSONAS   PREP.: 1 H
FERMENTACIÓN: 55 MIN.   COCCIÓN: 35 MIN.

un poco de harina de trigo integral, para espolvorear

1 porción de masa para pizza amasada y fermentada (véase pág. 70) elaborada con 1 cucharadita de semillas de comino majadas añadidas a la levadura

2 latas de 400 g de garbanzos en agua, escurridos

1 cebolla roja picada fina

2 dientes de ajo laminados

1 cucharadita de semillas de comino picadas gruesas

1 cucharadita de semillas de zumaque

1 cucharadita de levadura

2 remolachas ralladas gruesas (aprox. 175 g/6 onzas)

3 cucharadas de aceite de oliva virgen, para untar

sal marina y pimienta

lechuga en juliana, para acompañar

SALSA DE PEPINO Y YOGUR

1/2 pepino por la mitad, sin semillas y picado fino

150 g/2/3 taza de yogur natural

2 cucharadas de menta fresca picada fina

CONGELAR EL PAN DE PITA

Prepare el doble de cantidad de pan de pita y congele la mitad de los panes horneados en una bolsa de plástico hermética. Descongélelos a temperatura ambiente durante 1 hora y luego caliéntelos en una sartén durante 2 minutos por cada cara.

1 Precaliente el horno a 220 °C/425 °F. Para elaborar el pan de pita, enharine ligeramente una superficie de trabajo. Trabaje la masa con suavidad y luego córtela en cuatro trozos y, con el rodillo, extienda cada uno de ellos sobre la superficie de trabajo dándole la forma de un óvalo de aproximadamente el tamaño de su mano. Déjelos fermentar durante 10 minutos.

2 Enharine ligeramente dos bandejas de horno y métalas en el horno durante 5 minutos. Disponga los panes en las bandejas de horno calientes y hornéelos unos 5 o 10 minutos, hasta que se hinchen y se doren ligeramente. Envuélvalos en un paño de cocina limpio para mantenerlos tiernos.

3 Entre tanto, eche los garbanzos a un robot de cocina, por tandas, y tritúrelos hasta conseguir una masa grumosa. Con una espátula limpie los restos que queden adheridos a las paredes del vaso del robot de cocina y mézclelos con la masa unas cuantas veces. Pase la masa a un bol. Agregue la cebolla roja, el ajo, el comino, el zumaque, la levadura y las remolachas, salpimiéntelo todo bien y mézclelo con un tenedor.

4 Con una cuchara, haga con la mezcla 20 montoncitos sobre una tabla de cortar y deles forma de albóndiga. Unte una bandeja de horno grande con un poco de aceite y métala en el horno durante 5 minutos. Disponga en ella los falafeles y úntelos generosamente con más aceite. Áselos de 20 a 25 minutos, dándoles la vuelta una o dos veces, hasta que estén dorados y los garbanzos y las remolachas hechos por dentro; abra un falafel y pruébelo para comprobarlo.

5 Entre tanto, para elaborar la salsa de pepino y yogur, ponga el pepino, el yogur y la menta en un cuenco, añada sal y pimienta y mézclelo todo bien.

6 A la hora de servir, corte los panes de pita por la mitad, rellene cada uno de ellos con un poco de lechuga en juliana, salsa de pepino y yogur y cinco falafeles, y sírvalos.

POR RACIÓN: 638 CAL | 21,8 G GRASAS | 3,5 G GRASAS SAT. | 93,4 G CARB. | 14,1 G AZÚC. | 2,5 G SAL | 19,9 G FIBRA | 23,3 G PROT.

PLATOS ÚNICOS

HAMBURGUESA PICANTE CON GUACAMOLE Y PATATAS RÚSTICAS

Una buena hamburguesa es difícil de superar y, si son artesanales, sabrá lo que contienen y de dónde procede la carne. Pique el bistec en un robot de cocina o una picadora de carne.

PARA: 4 PERSONAS   PREP.: 1 H
FERMENTACIÓN: 1¹/2 H   COCCIÓN: 1 H

500 g/1 libra de solomillo, sin grasa, cortado en dados
½ cucharadita de guindilla (chile) en polvo
2 cucharaditas de semillas de comino picadas gruesas
1 cucharada de hojas de tomillo fresco
700 g/1 libra 9 onzas de patatas (papas) rojas sin pelar, frotadas y cortadas en cuñas
3 cucharadas de aceite de oliva virgen
1 cucharadita de pimentón
sal marina y pimienta al gusto

GUACAMOLE
1 aguacate (palta) grande descarozado y pelado
el zumo (jugo) de 1 lima
2 cebolletas (cebollas de verdeo) picadas finas

PARA ACOMPAÑAR
4 panecillos de espelta (véase pág. 38, pero moldee 10 panecillos en lugar de 16 y déjelos fermentar durante 45 minutos en lugar de toda la noche, y luego hornéelos unos 15 o 18 minutos), cortados por la mitad
1 cogollo (atado) de lechuga romana
1 manojo de hojas de rúcula
2 tomates grandes a rodajas

TRUCO PARA EL AGUACATE

La pulpa del aguacate se ennegrece muy rápido. Por ello, se recomienda esperar para pelar y preparar el guacamole hasta que esté a punto de asar las hamburguesas.

1 Precaliente el horno a 200 °C/400 °F. Con el motor del robot de cocina encendido, eche unos trocitos de carne, por tandas, y píquela gruesa. Si lo prefiere, pase los trozos a través de una picadora de carne manual con un ajuste grueso.

2 Ponga la guindilla en polvo, la mitad de las semillas de comino, la mitad del tomillo y un poco de sal y pimienta en un cuenco y mézclelo bien. Mezcle bien el aderezo con la carne y haga con ella cuatro hamburguesas. Tápelas y enfríelas en el frigorífico durante 15 minutos.

3 Entre tanto, lleve a ebullición una cacerola con agua, eche las patatas, cuézalas 4 o 5 minutos o hasta que comiencen a estar tiernas. Escúrralas bien y páselas a una fuente para horno. Rocíe 2 cucharadas de aceite sobre las patatas y deles varias vueltas para impregnarlas bien. Espolvoree por encima el pimentón, el resto del comino y del tomillo y un poco de sal y pimienta. Hornéelas unos 25 o 30 minutos o hasta que estén doradas, dándoles la vuelta una vez.

4 Para el guacamole, eche al aguacate a un cuenco poco profundo y macháquelo con un tenedor. Agregue el zumo de lima y las cebolletas, un poco de sal y pimienta, y mézclelo todo bien.

5 Precaliente la parrilla a fuego entre medio y vivo. Unte las hamburguesas con un poco del aceite restante y áselas unos 8 o 10 minutos, dándoles la vuelta a media cocción, o un poco menos si le gusta que queden poco hechas. Déjelas reposar unos minutos. Entre tanto, tueste los panecillos y luego reparta sobre la mitad inferior de estos la lechuga, la rúcula y los tomates, las hamburguesas calientes y una cucharada de guacamole antes de taparlos con la parte superior. Sirva las hamburguesas con las patatas rústicas.

POR RACIÓN: 695 CAL | 28,9 G GRASAS | 5,8 G GRASAS SAT. | 63,4 G CARB. | 9,9 G AZÚC. | 1,4 G SAL | 13,8 G FIBRA | 49,1 G PROT.

ESTOFADO DE BONIATO Y VACUNO CON CUSCÚS INTEGRAL

Deje que su cocina se llene de aromas deliciosos mientras se hornea este guiso nutritivo y reconfortante (y usted dispone de tiempo para ocuparse de otros menesteres).

PARA: 4 PERSONAS   PREP.: 30 MIN.
REFRIG.: TODA LA NOCHE   COCCIÓN: 1¹/₂ H

800 g/1³/4 libra de carne de aguja de vacuno
deshuesada y cortada en dados de 2,5 cm/1 pulgada
2 cebollas picadas gruesas
200 g/1¹/₃ taza de boniatos (batatas, camotes)
cortados en dados
200 g/7 onzas de patatas (papas) nuevas baby sin pelar,
frotadas y cortadas por la mitad
1 lata de 400 g de garbanzos en agua,
escurridos y aclarados
1 lata de 400 g de tomates en dados
200 ml/1 taza de agua
sal marina y pimienta al gusto

ADOBO
2 cucharadas de aceite de oliva virgen
2 cucharadas de cilantro (culantro) fresco picado fino
2 ramitas de canela
1 cucharada de miel líquida
1 cucharadita de pimentón
1 cucharadita de comino molido
1 cucharadita de pasta Harissa

CUSCÚS
200 g/1 taza de cuscús integral
1 cucharada de perejil fresco picado grueso
6 cebolletas (cebollas de verdeo) en rodajas finas
el zumo (jugo) de 1 limón
2 cucharadas de aceite de oliva virgen

1   Ponga el vacuno en una fuente grande. Añada los ingredientes del adobo y 1 cucharadita de sal y remueva bien. Tape la fuente y guárdela 6 horas o toda la noche en el frigorífico.

2   Precaliente el horno a 190°C/375°F. Pase la carne y el adobo a una cazuela y agregue las cebollas, los boniatos, las patatas y los garbanzos. Incorpore los tomates y el agua y remueva bien. Hornee el guiso durante 1 hora.

3   Remuévalo bien y compruebe el aderezo. Si el líquido se ha absorbido en su gran mayoría, añada agua suficiente para elaborar una salsa generosa. Hornee el guiso 30 minutos más o hasta que la carne esté hecha por dentro y tierna.

4   Entre tanto, llene un cazo hasta la mitad con agua y llévela a ebullición. Agregue el cuscús y cuézalo según las instrucciones del envase o hasta que esté tierno. Transfiéralo a un colador y escúrralo bien. Viértalo en un cuenco, incorpore el perejil y las cebolletas y, acto seguido, aderécelo con el zumo de limón y aceite.

5   Retire las ramitas de canela del guiso y sírvalo con el cuscús.

POR RACIÓN: 836 CAL | 29,2 G GRASAS | 7,3 G GRASAS SAT. | 88 G CARB. | 12,6 G AZÚC. | 2,9 G SAL | 13,3 G FIBRA | 57,4 G PROT.

CERDO ASADO CON PATATAS AL ROMERO

Este asado, una combinación clásica, resulta aún más delicioso si se elabora con cerdo criado en libertad y patatas cultivadas en el propio huerto.

PARA: 6 PERSONAS   PREP.: 15 MIN.
COCCIÓN: 1 H   REPOSO: 20 MIN.

una pierna de cerdo de 1 kg/2¼ libras
4 cucharadas/¼ taza de aceite de oliva virgen
sal marina

PATATAS AL ROMERO

1 kg/2 libras 4 onzas de patatas (papas)
rojas troceadas
4 ramitas de romero fresco picado grueso

1   Precaliente el horno a 220°C/425°F. Asegúrese de que la piel del cerdo esté bien marcada y seca. Úntelo con 1 cucharada de aceite y frótelo con sal. Áselo durante 20 minutos o hasta que empiece a ampollarse y esté crujiente.

2   Reduzca la temperatura del horno a 200°C/400°F. Ase el cerdo durante 40 minutos más o hasta que esté hecho por dentro y la piel esté crujiente y dorada. Pinche la parte más gruesa de la pata con la punta de un cuchillo afilado y compruebe que los jugos que manan estén muy calientes y no tengan restos rojos ni rosados. Deje reposar el cerdo unos 20 minutos antes de trincharlo en rodajas.

3   Entre tanto, para preparar las patatas al romero, lleve una olla con agua a ebullición, eche las patatas y el romero, remuévalas bien y cuézalas unos 4 o 5 minutos. Escúrralas bien y dispóngalas en una fuente para horno. Rocíe el resto del aceite sobre las patatas y deles varias vueltas para impregnarlas bien. Hornéelas unos 40 minutos o hasta que estén doradas, dándoles la vuelta una vez.

4   Coloque el cerdo y las patatas en una fuente de mesa y sale las patatas. Sírvalas enseguida con el cerdo.

PATATAS ASADAS

Seleccione unas patatas con una textura harinosa, como las patatas rojas, pues asadas quedan crujientes y muy buenas. Las patatas duras y cerúleas no se asan tan bien.

POR RACIÓN: 674 CAL | 39,7 G GRASAS | 11 G GRASAS SAT. | 26 G CARB. | 1,9 G AZÚC. | 2,3 G SAL | 4 G FIBRA | 51 G PROT.

ESTOFADO DE PAVO CON ESPECIAS Y CUSCÚS INTEGRAL

Condense los sabores de Oriente Próximo con este estofado de pavo ligeramente especiado y fácil de preparar.

PARA: 4 PERSONAS   PREP.: 20 MIN.   COCCIÓN: 25 MIN.

1 cucharada de aceite de oliva virgen
500 g/1 libra de pechuga de pavo sin piel y deshuesada
cortada en trozos de 1,5 cm /³/4 pulgada
1 cebolla picada gruesa
2 dientes de ajo picados finos
1 pimiento (morrón) rojo y 1 naranja
sin semillas y picados gruesos
4 tomates picados gruesos
1 cucharadita de semillas de comino picadas gruesas
1 cucharadita de pimentón
la ralladura fina y el zumo (jugo) de 1 limón sin encerar
sal marina y pimienta al gusto

PARA ACOMPAÑAR
200 g/1 taza de cuscús integral
2 cucharadas de perejil fresco picado grueso
2 cucharadas de cilantro (culantro)
fresco picado grueso

1   Caliente el aceite en una sartén grande a fuego medio. Eche el pavo, en varias tandas, y luego agregue la cebolla. Saltéelo, removiendo, unos 5 minutos o hasta que el pavo quede dorado.

2   Incorpore el ajo, los pimientos y los tomates y luego añada las semillas de comino y el pimentón y remueva bien. Agregue el zumo de limón y salpimiente el guiso al gusto. Remuévalo bien, tápelo y déjelo al fuego, removiendo esporádicamente, durante 20 minutos o hasta que los tomates hayan formado una salsa espesa y el pavo esté hecho por dentro.

3   Entre tanto, llene un cazo hasta la mitad con agua y llévela a ebullición. Agregue el cuscús y cuézalo según las instrucciones del envase o hasta que esté tierno. Transfiéralo a un colador y escúrralo bien.

4   Con un cucharón, reparta el cuscús en platos y corónelo con el estofado de pavo. Mezcle el perejil y el cilantro con la ralladura de limón y luego esparza la mezcla por encima del estofado y sírvalo.

EL PAVO, UNA OPCIÓN SANA

El pavo es un alimento fácil de preparar y con poco contenido en grasas, fantástico para la hora de cenar, sobre todo si se come sin piel.

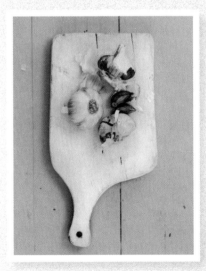

POR RACIÓN: 399 CAL | 6,6 G GRASAS | 1,3 G GRASAS SAT. | 36 G CARB. | 8,1 G AZÚC. | 0,9 G SAL | 7,2 G FIBRA | 37,5 G PROT.

TABULÉ DE POLLO CON GRANADA Y REMOLACHA

Esta versión del tabulé se prepara con granos de trigo integral. Con un alto contenido en fibra, constituye una gran alternativa al arroz o la pasta.

PARA: 4 PERSONAS   PREP.: 25 MIN.   COCCIÓN: 25 MIN.

225 g/1¹/₃ taza de granos de trigo
4 remolachas crudas (aprox. 350 g/12 onzas) cortadas en dados
500 g/1 libra de pechugas de pollo sin piel ni huesos y fileteadas finas
1 cebolla roja pequeña en aros
12 tomatitos cherry cortados por la mitad
los granos de 1 granada
2 cucharadas de menta fresca picada gruesa
70 g/2¹/₂ tazas de espinacas baby
sal marina y pimienta al gusto

ALIÑO
el zumo (jugo) de 1 limón
4 cucharadas/¹/₄ taza de aceite de oliva virgen
2 dientes de ajo picados finos
1 cucharadita de azúcar moreno (negro) envasado

1 Llene con agua la base de una vaporera, llévela a ebullición y, cuando rompa a hervir, eche los granos de trigo. Coloque la remolacha en la cesta de la vaporera, tápela con una tapadera y cuézala entre 20 y 25 minutos o hasta que los granos de trigo y la remolacha estén tiernos. Escurra los granos de trigo.

2 Entre tanto, para preparar el aderezo, ponga el zumo de limón, aceite, el ajo y el azúcar en un tarro con tapa de rosca, salpimiéntelo, cierre el tarro y agítelo bien.

3 Ponga el pollo en un bol, añada la mitad del aderezo y remuévalo bien. Precaliente una parrilla acanalada a fuego entre medio y vivo. Eche el pollo y áselo durante unos 8 o 10 minutos o hasta que esté dorado y hecho por dentro. Corte una de las lonchas de pollo más grandes por la mitad para verificar que la carne ya no sea rosada. Los jugos que manen deberían ser transparentes y humear por el calor.

4 Ponga la cebolla roja, los tomates y la granada en un cuenco grande y poco profundo. Añada los granos de trigo, la remolacha y la menta. Reparta las espinacas entre cuatro platos y, con un cucharón, vierta la mezcla de granos de trigo por encima. Corone el plato con el pollo. Sirva el tabulé con el aderezo restante en una jarrita.

QUE NO SOBRE NADA

Guarde las sobras en un recipiente hermético en el congelador, pero conserve el aderezo por separado, para que la ensalada no se mustie.

POR RACIÓN: 545 CAL | 17,2 G GRASAS | 2 G GRASAS SAT. | 62,2 G CARB. | 15 G AZÚC. | 1,1 G SAL | 12,3 G FIBRA | 39,4 G PROT.

PECHUGAS DE POLLO RELLENAS DE QUESO Y MANZANA

Esta versión renovada del pollo a la Kiev es un plato sencillo y delicioso con el que conquistará a su familia.

PARA: 4 PERSONAS PREP.: 30 MIN. COCCIÓN: 35 MIN.

4 pechugas de pollo sin la piel ni el hueso
1 cucharada de aceite de oliva virgen
1 cebolla pequeña picada
1 tallo de hierba de apio picado fino
1/4 cucharadita de salvia seca
1 manzana Pippin o de otra variedad crujiente,
sin el corazón y cortada en dados
85 g/3/4 taza de queso cheddar desmenuzado
2 cucharadas de perejil fresco picado fino
6 lonchas de jamón serrano, sin la grasa
sal marina y pimienta al gusto
150 g de brécol (brócoli) baby, para acompañar
150 g/1 taza de guisantes (arvejas, chícharos)

A LA RICA MANZANA SANA

Las manzanas contienen antioxidantes y compuestos para combatir las enfermedades, además de beta-carotenos y vitamina C en altas cantidades y vitaminas B complejas, como riboflavinas y tiaminas.

1 Precaliente el horno a 190 °C/375 °F. Unte con un poco de aceite una fuente refractaria pequeña.

2 Ponga una pechuga de pollo sobre una tabla de cortar, con la cara redondeada hacia arriba. Con un cuchillo pequeño y afilado, haga un corte a lo largo de la pechuga a modo de bolsillo, internándose tan profundamente como le sea posible, pero sin llegar a cortar la otra cara ni los extremos. Repita la operación con el resto de las pechugas y luego tápelas y guárdelas en el frigorífico.

3 Para preparar el relleno, caliente 2 cucharaditas de aceite en una sartén a fuego medio. Añada la cebolla, el apio y la salvia y saltéelos de 3 a 5 minutos, sin dejar de remover, hasta que estén tiernos. Incorpore la manzana y siga salteándolo todo 2 minutos o hasta que esté tierna, pero sin dejar que se desmenuce. Incorpore el queso, el perejil, sal y pimienta.

4 Reparta el relleno entre los bolsillos del pollo. Enrolle una loncha y media de jamón alrededor de cada pechuga y luego unte la parte superior con el resto del aceite.

5 Disponga el pollo en la fuente preparada y áselo de 20 a 25 minutos o hasta que esté hecho por dentro y los jugos que manen humeen por el calor y no presenten trazas rosadas (para comprobarlo, inserte un cuchillo afilado en la parte más gruesa de la carne).

6 Cubra el pollo con papel de aluminio y déjelo reposar entre 3 y 5 minutos. Lleve a ebullición una cacerola con agua, eche el brécol y los guisantes y cuézalos unos 3 o 4 minutos; luego escúrralos bien. Sirva el pollo con la verdura.

POR RACIÓN: 329 CAL | 17 G GRASAS | 6,8 G GRASAS SAT. | 8 G CARB. | 5,2 G AZÚC. | 2,1 G SAL | 1,5 G FIBRA | 35 G PROT.

SALMÓN SALVAJE A LA PLANCHA CON VERDURAS DEL HUERTO

Rápida y fácil de preparar, esta cena ligera y estival saca el máximo partido a los espárragos y las judías verdes tiernas.

PARA: 4 PERSONAS   PREP.: 20 MIN.   COCCIÓN: 15 MIN.

500 g/1 libra 2 onzas de patatas (papas) nuevas baby, sin pelar, limpias y las más grandes cortadas por la mitad
1 cucharada de aceite de oliva virgen
la ralladura fina y el zumo (jugo) de 1 limón sin encerar
1 cucharadita de miel sólida
1 cucharadita de mostaza de textura granulada
4 filetes de salmón salvaje, de 150 g cada uno
250 g/2½ tazas de judías verdes (vainas, chauchas, porotos verdes)
16 espárragos trigueros
175 g/3 tazas de tirabeques
1 bulbo de hinojo, a láminas finas, con las hojas verdes troceadas
6 cucharadas/⅓ taza de crème fraîche o de yogur natural al estilo griego
sal marina y pimienta

1   Llene con agua hasta la mitad la base de una vaporera, llévela a ebullición y, cuando rompa a hervir, eche las patatas al agua y cuézalas durante 15 minutos.

2   Precaliente la parrilla a fuego entre medio y vivo y forre la bandeja del asador con papel de aluminio. Mezcle el aceite, el zumo y la ralladura de limón, la miel y la mostaza en un cuenco pequeño y añada un poco de sal y pimienta. Disponga el salmón en la bandeja del asador y, con una cuchara, vierta el aliño de limón sobre el pescado. Áselo entre 8 y 10 minutos, dándole la vuelta una vez, hasta que esté dorado.

3   Ponga las judías en la cesta de la vaporera, encima de las patatas, tápelas con una tapadera y cuézalas al vapor durante los últimos 6 minutos. Añada los espárragos y los tirabeques 3 minutos antes de finalizar el tiempo de cocción. Añada el hinojo laminado 1 minuto antes de finalizar la cocción.

4   Escurra las patatas, salpiméntelas y macháquelas con un tenedor. Con un cucharón, dispóngalas en el centro de los cuatro platos. Mezcle las verduras con la crème fraîche y las hojas verdes del hinojo y distribúyalas por encima de las patatas. Quítele la piel al salmón y dispóngalo sobre las verduras. Con una cuchara, vierta los jugos cítricos de la bandeja del asador por encima del salmón. Sirva enseguida.

COMPRAR SALMÓN

La cría de salmón en piscifactorías se ha cuadruplicado en los últimos 20 años: compruebe la etiqueta con cuidado para asegurarse de que compra salmón salvaje y no tema preguntarle al pescadero dónde ha sido pescado.

POR RACIÓN: 528 CAL | 27,7 G GRASAS | 7,2 G GRASAS SAT. | 32,9 G CARB. | 9,1 G AZÚC. | 1,1 G SAL | 7,9 G FIBRA | 37,3 G PROT.

LENGUADO FRITO EN MANTEQUILLA

Compre pescado de pesca sostenible fresco y consúmalo el mismo día: apreciará la diferencia en el sabor. También es buena idea comprar pescado congelado, pues se congela el mismo día que se pesca.

PARA: 2 PERSONAS   PREP.: 20 MIN.   COCCIÓN: 12 MIN.

100 ml / 1/2 taza de leche
60 g / 1/3 taza de harina de arroz integral
4 filetes de pescado de 170 g / 6 onzas cada uno, sin piel
16 espárragos trigueros
85 g / 6 cucharadas de mantequilla (manteca) sin sal
el zumo (jugo) de 1/2 limón, más 1 limón cortado en gajos, para acompañar
sal marina y pimienta al gusto
2 cucharadas de perejil picado grueso, para aderezar

COMPRAR ESPÁRRAGOS

Para comprobar si los espárragos son frescos, dóblelos por la base; si le cuesta doblarla porque el tallo está duro, descártelos.

1   Vierta la leche en un bol poco profundo al menos tan grande como el filete de pescado y ponga la harina en un plato. Salpimiente los filetes de pescado por ambas caras.

2   Lleve a ebullición una cacerola con agua, eche los espárragos y cuézalos de 3 a 5 minutos; luego escúrralos bien y consérvelos calientes.

3   De uno en uno, pase los filetes de lenguado por la leche, luego rebócelos en la harina y sacúdalos para eliminar la que sobre. Transfiéralos a un plato y continúe hasta tenerlos todos preparados.

4   Funda la mitad de la mantequilla a fuego entre medio y vivo en una sartén lo bastante grande como para disponer los filetes en una sola capa. Añada el lenguado, con la piel hacia abajo y fríalo durante 2 minutos.

5   Dé la vuelta a los filetes y fríalos otros 2 o 3 minutos o hasta que la carne se desmenuce fácilmente. Transfiéralo a dos platos, con la piel hacia abajo, y resérvelos.

6   Baje el fuego a medio y funda el resto de la mantequilla en la sartén. Cuando deje de hacer espuma, agregue el zumo de limón y remuévalo, rascando los sedimentos de la base de la sartén. Con una cuchara, vierta la salsa de mantequilla sobre el pescado y decórelo con perejil. Sírvalo con los espárragos y unos gajos de limón.

POR RACIÓN: 753 CAL | 44,1 G GRASAS | 24,5 G GRASAS SAT. | 39 G CARB. | 6,2 G AZÚC. | 4,9 G SAL | 7,7 G FIBRA | 52,7 G PROT.

CHIRIVÍAS Y TOMATES ASADOS

Sirva este plato con una ensalada y pan de trigo integral casero (véase pág. 24)
a modo de cena vegetariana o como guarnición de un asado de carne.

PARA: 4 PERSONAS   PREP.: 30 MIN.   COCCIÓN: 50 MIN.

3 cucharadas de aceite de oliva virgen
5 chirivías laminadas finas a lo largo
1 cucharadita de hojas de tomillo fresco
300 ml / 1¼ taza de nata (crema) espesa
5 tomates en rodajas finas
1 cucharadita de orégano seco
150 g / ⅓ taza de queso cheddar desmenuzado
sal marina y pimienta al gusto

1 Precaliente el horno a 175°C / 350°F. Caliente el aceite en una sartén a fuego medio. Añada las chirivías y el tomillo y sal y pimienta al gusto. Rehóguelas, removiendo con frecuencia, de 6 a 8 minutos o hasta que estén tiernas. Fríalas por tandas si es preciso.

2 Extienda las chirivías sobre la base de una fuente de gratinar. Vierta por encima la mitad de la nata y luego disponga la mitad de los tomates en una capa homogénea por encima. Salpiméntelo al gusto y esparza por encima la mitad del orégano y la mitad del queso cheddar. Disponga encima el resto de las chirivías y los tomates. Esparza por encima el resto del orégano, salpiméntelo al gusto y vierta la nata líquida restante sobre las hortalizas. Espolvoree por encima el resto del queso cheddar.

3 Tape la fuente con papel de aluminio y hornee las chirivías durante 40 minutos o hasta que estén tiernas. Retire el papel de aluminio y devuelva la bandeja al horno entre 5 y 10 minutos o hasta que el queso esté dorado y burbujee. Sirva enseguida.

ALTERNATIVA

Utilice queso parmesano en lugar de cheddar, o mozzarella, si prefiere una textura más fundida, al estilo pizza.

POR RACIÓN: 639 CAL | 51 G GRASAS | 26,7 G GRASAS SAT. | 35,4 G CARB. | 11,4 G AZÚC. | 1,4 G SAL | 9,1 G FIBRA | 13,9 G PROT.

QUINOA CON HORTALIZAS ASADAS

La quinoa es una fuente excelente de proteínas, sobre todo para los vegetarianos, pues contiene los nueve aminoácidos esenciales, algo inusitado en una planta.

PARA: 2 PERSONAS   PREP.: 20 MIN.   COCCIÓN: 30 MIN.

1 pimiento (morrón) rojo y 1 amarillo, sin semillas y picados gruesos
1 calabacín (zucchini) picado grueso
1 bulbo de hinojo pequeño, pelado y cortado en cuñas delgadas
1 cucharada de aceite de oliva virgen
2 cucharaditas de hojas de romero fresco picadas finas
1 cucharadita de hojas de tomillo fresco picadas finas
100 g / 1/2 taza de quinoa blanca aclarada
350 ml / 1 1/2 taza de caldo vegetal casero (véase pág. 16)
2 dientes de ajo majados (triturados)
3 cucharadas de perejil fresco picado fino
40 g / 1/3 taza de piñones tostados
sal marina y pimienta al gusto

1 Precaliente el horno a 220°C/425°F. Disponga el pimiento, el calabacín y el hinojo en una fuente refractaria grande formando una sola capa. Rocíe el aceite por encima de las hortalizas y espolvoréelas con el romero y el tomillo. Salpiméntelas y mézclelas bien. Áselas de 25 a 30 minutos o hasta que queden tiernas y levemente chamuscadas.

2 Entre tanto, ponga la quinoa en un cazo. Agregue el caldo y el ajo, llévelo a ebullición y cuézalo a fuego lento durante 10 minutos. Retírelo del fuego, pero mantenga el cazo tapado 7 minutos más para que los granos de quinoa acaben de inflarse. Ahuéquelos con un tenedor.

3 Disponga la quinoa en la fuente refractaria. Agregue el perejil y los piñones y remuévalo todo bien. Sirva la quinoa templada o fría.

OTRAS COMBINACIONES

Utilice arroz integral de grano largo en lugar de quinoa; el arroz integral tarda entre 30 y 45 minutos en cocerse.

POR RACIÓN: 471 CAL | 25,3 G GRASAS | 3,1 G GRASAS SAT. | 50,6 G CARB. | 10,2 G AZÚC. | 3,2 G SAL | 9,7 G FIBRA | 13,3 G PROT.

COCIDO VEGETAL

Fácil y rápido de preparar, este guiso reconfortante, de inspiración española, se adereza con pimentón ahumado para otorgarle un maravilloso sabor picante.

PARA: 4 PERSONAS   PREP.: 20 MIN.   COCCIÓN: 50 MIN.

2 cucharadas de aceite de oliva virgen
1 cebolla picada gruesa
1 berenjena picada gruesa
1/2 cucharadita de pimentón picante ahumado
2 dientes de ajo picados finos
1 pimiento (morrón) rojo grande sin semillas
y picado grueso
250 g / 9 onzas de patatas (papas) nuevas baby, sin pelar
y las más grandes cortadas por la mitad
8 tomates pera (ciruela) pelados y
troceados gruesos
1 lata de 410 g de judías blancas (porotos, frijoles
blancos) en agua escurridas
150 ml / 2/3 taza de caldo vegetal casero (véase pág. 16)
2 ramitas de romero fresco
2 calabacines (zucchinis) picados gruesos
sal marina y pimienta al gusto

1   Precaliente el horno a 200 °C / 400 °F. Caliente 1 cucharada de aceite en una cazuela a fuego medio. Añada la cebolla y saltéela 5 minutos o hasta que esté tierna. Agregue otra cucharada de aceite e incorpore la berenjena y saltéela, sin dejar de remover, unos 5 minutos o hasta que empiece a estar tierna y dorada.

2   Eche entonces el pimentón ahumado y el ajo, removiendo, y luego añada el pimiento rojo, las patatas y los tomates. Agregue las judías blancas, el caldo y el romero y salpimiente al gusto. Lleve el cocido a ebullición, tápelo y luego baje el fuego a entre medio y lento. Déjelo cocer durante 30 minutos, removiéndolo de vez en cuando.

3   Incorpore el calabacín al cocido y cuézalo, destapado, durante 10 minutos o hasta que las hortalizas estén tiernas y la salsa se haya reducido un poco.

4   Con un cucharón, disponga el cocido en platos hondos, deseche el romero y sírvalo.

PIMENTÓN AHUMADO

Si no ha utilizado pimentón picante ahumado antes, compruebe el grado de picante antes de comprarlo. Normalmente se comercializa como picante suave o con un grado de picante similar al de la guindilla en polvo.

POR RACIÓN: 525 CAL | 26,1 G GRASAS | 12,6 G GRASAS SAT. | 62,3 G CARB. | 14,8 G AZÚC. | 1,8 G SAL | 18,5 G FIBRA | 14,6 G PROT.

GUISO DE CALABAZA, COL RIZADA Y FARRO

Este plato único es muy fácil de preparar y una bomba de nutrientes, con sus hortalizas, cereales y habas.

PARA: 6 PERSONAS   PREP.: 30 MIN.   COCCIÓN: 55 MIN.

2 cucharadas de aceite de oliva virgen
1 cebolla picada fina
2 cucharaditas de orégano seco
2 dientes de ajo fileteados
1 calabaza de pulpa densa (de aprox. 1,25 kg/
2³⁄4 libras), como la Kabocha o la Crown Prince, pelada,
sin semillas y con la pulpa cortada en dados
1 lata de 400 g de tomates en dados
700 ml/3 tazas de caldo vegetal
casero (véase pág. 16)
125 g/³⁄4 taza de farro de cocción rápida aclarado
250 g/4 tazas de col (repollo) rizada cortada
en tiras gruesas
1 lata de 400 g de garbanzos en conserva,
escurridos y aclarados
25 g/1 taza de cilantro (culantro) fresco picado grueso
el zumo (jugo) de 1 lima
sal marina y pimienta al gusto

1   Caliente el aceite en una cacerola refractaria o una cazuela de fondo pesado a fuego medio. Añada la cebolla y saltéela 5 minutos o hasta que esté tierna. Agregue el orégano y el ajo y sofríalos 2 minutos.

2   Añada la calabaza y sofríala, tapada, durante 10 minutos. Incorpore los tomates, el caldo y el farro, tape la cacerola y llévelo todo a ebullición. Baje el fuego a entre medio y lento y déjelo cocer a fuego lento durante 20 minutos, removiendo de vez en cuando.

3   Añada la col rizada y los garbanzos y prosiga la cocción otros 15 minutos o hasta que las hortalizas y el farro estén tiernos.

4   Salpimiente el guiso e incorpore el cilantro y el zumo de lima justo antes de servirlo.

FARRO DE COCCIÓN RÁPIDA

Compre farro de cocción rápida para poder añadirlo directamente a la cacerola sin tener que remojarlo ni precocinarlo. Aunque parezca que hay demasiado caldo, una vez que se añada el farro, lo absorberá casi todo.

POR RACIÓN: 302 CAL | 7,7 G GRASAS | 1,4 G GRASAS SAT. | 52,4 G CARB. | 9,16 G AZÚC. | 2,4 G SAL | 8,9 G FIBRA | 10,4 G PROT.

POSTRES Y REPOSTERÍA

PASTEL DE CHOCOLATE DE FIESTA

Nadie adivinaría por el aspecto de este pastel tan goloso que está elaborado con remolacha cocida, para aportar un dulzor natural, y harinas de trigo integral y de arroz integral.

PARA: 8 PERSONAS   PREP.: 40 MIN.
COCCIÓN: 1 H 20 MIN.   ENFRIAMIENTO: 15 MIN.

2¹/₂ remolachas crudas (aprox. 200 g/7 onzas) cortadas en dados
150 g/5¹/₂ onzas de chocolate con 70% de cacao troceado
25 g/¹/₄ taza de cacao en polvo sin edulcorar
2 cucharaditas de levadura
115 g/1 taza de harina de trigo integral
55 g/¹/₃ taza de harina de arroz integral
200 g/1³/₄ barrita de mantequilla (manteca) sin sal, reblandecida y en cubos, y un poco más para engrasar
215 g/1 taza y 2 cucharadas de azúcar mascabado (azúcar de caña)
4 huevos
2 cucharadas de leche
300 ml/1¹/₄ taza de nata (crema) espesa

CHOCOLATE NEGRO

Los estudios realizados demuestran que comer un poco de chocolate negro a diario ayuda a reducir la presión arterial.

1   Precaliente el horno a 160°C/325°F. Unte con mantequilla un molde redondo antiadherente de 20 cm/8 pulgadas de diámetro con base desmontable y forre la base con papel vegetal.

2   Llene con agua la base de una vaporera hasta la mitad y llévela a ebullición, ponga las remolachas en la cesta, tápelas y cuézalas 15 minutos o hasta que estén tiernas. Páselas al vaso de la batidora y agregue 4 cucharadas/¹/₄ taza de agua de la vaporera. Bátalo todo hasta obtener una masa homogénea y déjelo enfriar.

3   En un cuenco refractario, funda 115 g/4 onzas de chocolate al baño María.

4   Tamice el cacao en otro bol y luego incorpore la levadura y las harinas integrales de trigo y de arroz.

5   Mezcle la mantequilla y 200 g/1 taza de azúcar en un cuenco grande. Vaya incorporando los huevos y batiendo, añadiendo cucharadas de la mezcla de harina entre cada huevo y batiendo bien la masa tras cada nueva adición. Incorpore el resto de la mezcla de harina, la remolacha machacada y el chocolate fundido y siga batiendo; vierta leche hasta obtener una consistencia densa pero líquida.

6   Con un cucharón, pase la masa al molde preparado y extiéndala formando una capa homogénea. Hornee el pastel durante una hora o hasta que haya crecido suficiente, la parte superior esté agrietada y al pincharlo con un palillo este salga limpio. Déjelo enfriar 15 minutos y desmóldelo, retire el papel vegetal y coloque el pastel en una rejilla.

7   Para acabar, en un cuenco refractario, funda el resto del chocolate al baño María. Vierta la nata en un cuenco aparte, añada las 2 cucharadas restantes de azúcar y bátala a punto de nieve. Corte el pastel por la mitad a lo ancho y disponga la base en una bandeja de mesa. Extienda un tercio de la mezcla de nata sobre la base del pastel, tápela con la mitad superior y cúbrala con la nata restante. Riegue el pastel con el chocolate fundido. Córtelo en ocho porciones y sírvalo.

POR RACIÓN: 662 CAL | 46,2 G GRASAS | 27,5 G GRASAS SAT. | 57 G CARB. | 33,7 G AZÚC. | 1 G SAL | 5,7 G FIBRA | 9,5 G PROT.

HELADO DE CHOCOLATE NEGRO

Nadie adivinaría que este helado supersencillo en realidad no contiene chocolate, sino plátanos, tan saludables, y cacao en polvo.

PARA: 4 PERSONAS   PREP.: 10 MIN.   CONGELACIÓN: 3 H

3 plátanos (bananas) pelados
3 cucharadas de cacao en polvo sin edulcorar
1 cucharada de sirope de agave

1   Corte los plátanos en trozos de 2 cm/^{1}/4 pulgada de grosor. Métalos en una bolsa de congelador y congélelos 3 horas.

2   Eche los trozos de plátano congelados en el vaso de un robot de cocina. Añada el cacao en polvo y el sirope de agave y bátalo todo hasta obtener una mezcla homogénea. Sírvalo de inmediato en bolas o vuelva a congelar el helado para obtener una consistencia más firme.

EL PLUS DEL PLÁTANO

Los plátanos son una fruta muy energética con un elevado contenido en fibra y potasio. Se los considera efectivos para bajar la presión arterial.

POR RACIÓN: 92 CAL | 0,8 G GRASAS | 0,4 G GRASAS SAT. | 23,2 G CARB. | 12,8 G AZÚC. | TRAZAS DE SAL | 3,3 G FIBRA | 1,6 G PROT.

BROWNIES DE CHOCOLATE Y TRIGO INTEGRAL

¿Quién puede resistirse a un brownie esponjoso y tibio? Esta versión contiene la mitad de la mantequilla y del azúcar que los brownies tradicionales y conserva su intenso sabor.

PARA: 20 BROWNIES   PREP.: 20 MIN.
COCCIÓN: 25 MIN.   ENFRIAMIENTO: 15 MIN.

175 g/¼ taza de dátiles descarozados y troceados
125 ml/½ taza de agua
100 g/3¼ onzas de chocolate con 70% de cacao troceado
70 g/5 cucharadas de mantequilla (manteca) sin sal
55 g/¼ taza con azúcar moreno (negro)
25 g/¼ taza de cacao en polvo sin edulcorar
25 g/3 cucharadas de harina de trigo integral
1 cucharadita de levadura
2 huevos batidos

1 Precaliente el horno a 180°C/350°F. Forre un molde cuadrado antiadherente de 20 cm/8 pulgadas con un cuadrado grande de papel vegetal, haga un corte en diagonal en las esquinas y presione el papel hacia la base del molde, de manera que tanto la base como las paredes queden forradas.

2 Ponga los dátiles en una cazuela con agua. Lleve el agua a ebullición, tape la cazuela y luego baje el fuego a entre medio y lento y cueza los dátiles durante 5 minutos o hasta que estén tiernos. Agregue el chocolate, la mantequilla y azúcar y remueva para mezclarlo todo bien. Retire la cazuela del fuego.

3 Tamice el cacao sobre un bol, incorpore la harina y la levadura y mézclelo bien. Agregue los huevos y la mezcla de harina a la cazuela y remueva hasta obtener una masa homogénea. Vierta la masa al molde preparado y extiéndala en una capa homogénea. Hornéela durante 18 o 20 minutos o hasta que se hinche y cuaje por el centro.

4 Déjela enfriar en el molde durante 15 minutos. Desmolde la tarta, córtela en 20 brownies y retire el papel vegetal.

OTRAS COMBINACIONES

Si le gustan los frutos secos, pruebe a tostar 55 g/½ taza de avellanas sin escaldar en un cazo, trocéelas gruesas e incorpore la mitad en la masa de los brownies y luego esparza la otra mitad por encima antes de hornearlos.

POR BROWNIE: 91,6 CAL | 5,7 G GRASAS | 3,4 G GRASAS SAT. | 9,4 G CARB. | 6,7 G AZÚC. | 0,2 G SAL | 1,2 G FIBRA | 1,7 G PROT.

MAGDALENAS ESPECIADAS CON COMPOTA DE MANZANA

Estas magdalenas con sabor a manzana y limón, elaboradas con azúcar moreno y harina integral, son una delicia.

PARA: 12 MAGDALENAS   PREP.: 40 MIN.
COCCIÓN: 1 H 15 MIN.   ENFRIAMIENTO: 30 MIN.

3 manzanas Rome, Pippin u otra variedad dulce y crujiente
la ralladura fina y el zumo (jugo)
de 1 limón sin encerar
85 g / ²/₃ taza de harina de trigo integral
85 g / 1/2 taza de harina de arroz integral
2 cucharaditas de levadura
1/2 cucharadita de pimienta de Jamaica molida
115 g / 1 barrita de mantequilla (manteca) sin sal
reblandecida y cortada en dados
115 g / 1/2 taza de azúcar mascabado (azúcar de caña)
2 huevos batidos
225 ml / 1 taza de crème fraîche o de
yogur natural al estilo griego

1 Para preparar la compota de manzana, pele dos de las manzanas, trocéelas y póngalas en un cazo. Añada la peladura y la mitad del zumo de limón, tape el cazo y cuézalas a fuego entre lento y medio durante unos 5 o 10 minutos, hasta que estén tiernas. Macháquelas hasta obtener una masa homogénea y déjelas enfriar. Precaliente el horno a 180°C/350°F.

2 Ponga 12 cuadrados de papel vegetal en un molde para 12 magdalenas. Eche la harina integral de trigo y de arroz, la levadura y la pimienta en un cuenco y mézclelas bien.

3 En un bol, bata juntos la mantequilla y el azúcar. Vaya añadiendo, de forma alternativa, una cucharada de huevo y una de la mezcla de harina hasta que se acaben y, a continuación, incorpore 150 g / ²/₃ taza de la compota de manzana.

4 Vierta la mezcla en los moldes preparados. Hornee las magdalenas de 15 a 18 minutos o hasta que estén bien hinchadas. Déjelas enfriar durante 5 minutos y luego dispóngalas sobre una rejilla metálica.

5 Forre una bandeja de horno con papel vegetal. Eche el resto del zumo de limón en un bol mediano. Corte a rodajas finas la manzana restante, sumérjala en el zumo y dispóngala sobre la bandeja de horno. Reduzca la temperatura del horno a 110°C/225°F y hornee las rodajas de manzana 30 o 45 minutos o hasta que empiecen a dorarse. Apague el horno y déjelas enfriar. Corte las rodajas de manzana por la mitad.

6 Ponga encima de cada magdalena una cucharada de nata o yogur, esparza por encima la pimienta y corónelas con dos rodajas de manzana.

VERSIÓN FÁCIL

Estas magdalenas también resultan fantásticas sin decoración y son un alimento saludable para que los niños merienden en la escuela.

POR UNIDAD: 224 CAL | 12,8 G GRASAS | 7,5 G GRASAS SAT. | 25,6 G CARB. | 13,9 G AZÚC. | 0,6 G SAL | 1,9 G FIBRA | 3,2 G PROT.

MAGDALENAS INTEGRALES

Estas magdalenas dulces y sabrosas están elaboradas con ingredientes saludables, lo que le permite comerlas sin sentirse culpable.

PARA: 10 MAGDALENAS   PREP.: 15 MIN.   COCCIÓN: 30 MIN.

225 g / ³/4 taza de harina de trigo integral
2 cucharaditas de levadura
25 g / 2 cucharadas de azúcar mascabado
(azúcar de caña)
100 g / ³/4 taza de orejones de albaricoque picados finos
1 plátano (banana) pelado
1 cucharada de zumo (jugo) de naranja recién exprimido
1 cucharadita de ralladura fina de naranja
300 ml / 1¹/4 taza de leche
1 huevo batido
3 cucharadas de aceite de oliva virgen
2 cucharadas de copos de avena
miel o sirope (jarabe) de arce, para acompañar

1   Precaliente el horno a 200°C / 400°F. Ponga 10 moldes individuales estriados de papel en un molde para magdalenas.

2   Tamice la harina y la levadura y añada las cáscaras que puedan quedar en el colador. Agregue el azúcar y los orejones.

3   Vierta el plátano y el zumo de naranja en un cuenco y cháfelos. Añada la piel de limón, la leche, el huevo y aceite, y mézclelo.

4   Haga un hueco en el centro de la mezcla de harina. Vierta la mezcla de plátano y mézclelo todo bien. Con la ayuda de una cuchara, transfiera la masa a los moldes de papel.

5   Espolvoree unos copos de avena por encima de cada magdalena. Hornéelas de 25 a 30 minutos o hasta que estén bien hinchadas. Páselas a una rejilla metálica. Sírvalas templadas, con un poco de miel o de sirope de arce.

HARINA DE TRIGO

Si quiere reemplazar la harina común por harina integral en sus recetas a la hora de preparar pasteles y bollería en casa, recuerde añadir siempre un poco más de líquido.

POR MAGDALENA: 173 CAL | 4,5 G GRASAS | 0,7 G GRASAS SAT. | 25,6 G CARB. | 9,5 G AZÚC. | 0,5 G SAL | 2 G FIBRA | 4,5 G PROT.

PASTEL DE REQUESÓN CON FRAMBUESAS

Por tradición, los pasteles de queso tienen una base de galleta machacada, pero la base de granola de esta versión está elaborada con frutos secos, una fuente rica en proteínas, y avena, un cereal que ayuda a bajar el colesterol.

PARA: 8 PERSONAS   PREP.: 40 MIN.   COCCIÓN: 15 MIN.
REMOJO: 5 MIN.   REFRIG.: 6 H

25 g/2 cucharadas de mantequilla (manteca) sin sal
1 cucharada de aceite de oliva virgen, y un poco más
para engrasar
6 cucharadas/¹⁄₃ taza de sirope (jarabe) de arce,
y un poco más para servir
40 g/¹⁄₂ taza de copos de avena
40 g/¹⁄₂ taza de almendras sin blanquear
picadas gruesas
40 g/¹⁄₂ taza de avellanas sin blanquear
picadas gruesas

RELLENO
4 cucharadas/¹⁄₄ taza de agua fría
2¹⁄₂ cucharaditas de gelatina en polvo
250 g/1 taza de requesón (queso blando, ricotta)
250 g/1 taza de mascarpone
250 g/1 taza de yogur natural
la ralladura fina y el zumo (jugo) de un limón sin encerar,
y un poco más de ralladura para decorar
150 g/1¹⁄₄ taza de moras

PASTEL CONGELADO

El pastel de queso puede congelarse durante un máximo de dos meses. Envuelva el molde en film transparente, séllelo y etiquételo. Descongélelo en el frigorífico durante cuatro horas y luego una hora a temperatura ambiente.

1 Precaliente el horno a 160°C/325°F. Unte con un poco de aceite un molde redondo antiadherente de 23 cm/9 pulgadas de diámetro con base desmontable. Ponga la mantequilla, aceite y 2 cucharadas del sirope de arce en un cazo a fuego entre medio y lento hasta que la mantequilla se haya fundido. Retire el cazo del fuego e incorpore, removiendo, la avena y los frutos secos.

2 Pase la mezcla al molde preparado y presiónela con el dorso de un tenedor hasta formar una capa homogénea. Hornéela durante 15 minutos o hasta que esté dorada y luego déjela enfriar.

3 Para la cobertura, con una cuchara ponga el agua en un cuenco refractario pequeño y luego espolvoree por encima la gelatina, asegurándose de que el agua absorba el polvo. Déjela en remojo 5 minutos. Coloque el cuenco al baño María sobre un cazo de agua hirviendo hasta obtener un líquido transparente.

4 Ponga el requesón, el mascarpone y el yogur en un bol y, con una cuchara, añada 4 cucharadas/¹⁄₄ taza del sirope de arce restante y bátalo hasta obtener una masa homogénea. Incorpore la ralladura y el zumo de limón y luego vaya vertiendo poco a poco la mezcla de gelatina, removiendo. Agregue la mitad de las moras y cháfelas en la mezcla con un tenedor.

5 Con una cuchara, vierta la cobertura sobre la corteza y alise la superficie; a continuación, esparza por encima el resto de las moras. Cubra el pastel de queso y guárdelo en el frigorífico entre 4 y 6 horas o hasta que cuaje.

6 A la hora de servir el pastel, pase un cuchillo alrededor del molde para liberar las paredes y deslice el pastel en una bandeja de servir. Decórelo con la ralladura de limón restante. Para servir el pastel, córtelo en porciones y rocíelo con sirope de arce.

POR RACIÓN: 389 CAL | 29,3 G GRASAS | 14,3 G GRASAS SAT. | 22,9 G CARB. | 14,1 G AZÚC. | 0,2 G SAL | 3,2 G FIBRA | 11 G PROT.

CUADRADITOS DE PACANAS Y ZANAHORIAS CON MIEL

Este pastel lleva zanahorias, que aportan vitamina A, germen de trigo, rico en minerales y vitamina B, y harina de trigo integral, una fuente natural de energía.

PARA: 15 CUADRADOS   PREP.: 25 MIN.
COCCIÓN: 35 MIN.

3 huevos
150 ml / ²/₃ taza de aceite de oliva virgen
115 g / ¹/₂ taza con azúcar mascabado (azúcar de caña)
5 cucharadas / ¹/₃ taza de miel
175 g / ¹/₃ taza de harina de trigo integral
4 cucharadas / ¹/₄ taza de germen de trigo
2 cucharaditas de levadura
2 cucharaditas de jengibre molido
la piel rallada de 1 naranja, y un poco más para decorar
1¹/₄ cucharadita de pimienta de Jamaica molida
175 g / 1¹/₂ taza de zanahoria en juliana
55 g / ¹/₂ taza de pacanas (nueces de pecán),
y un poco más para decorar

COBERTURA
115 g / ¹/₂ yogur natural al estilo griego
150 g / ²/₃ taza de queso crema o mascarpone

1 Precaliente el horno a 180°C / 350°F. Forre una bandeja de horno antiadherente de 18 x 28 cm / 7 x 11 pulgadas con papel vegetal, haga un corte en diagonal en las esquinas y presione el papel hacia la base de la bandeja, de manera que tanto esta como las paredes queden forradas.

2 Casque los huevos en un cuenco grande, agregue el aceite, el azúcar y 4 cucharadas / ¹/₄ taza de miel y bátalo todo hasta obtener una masa homogénea. Ponga la harina, el germen de trigo y la levadura en un cuenco pequeño y luego añada el jengibre, la ralladura de naranja y 1 cucharadita de pimienta de Jamaica y remuévalo todo bien. Agregue los ingredientes secos a la masa de huevo y bátala de nuevo hasta que quede homogénea. Incorpore las zanahorias y las pacanas y remueva.

3 Con un cucharón, eche la masa en el molde preparado y extiéndala en una capa homogénea. Hornee el pastel durante 30 o 35 minutos o hasta que haya crecido suficiente y al pincharlo con un palillo en el centro el palillo salga limpio.

4 Saque el pastel de la bandeja, retire el papel vegetal y vuélquelo en una rejilla metálica. Déjelo enfriar.

5 Para hacer el glaseado, ponga el yogur, el queso crema, la cucharada restante de miel y ¹/₄ cucharadita de pimienta de Jamaica en un cuenco y bátalo todo hasta obtener una masa homogénea. Extienda el glaseado sobre el pastel y esparza por encima unas cuantas pacanas y ralladura de naranja. Córtelo en 15 cuadrados y sírvalo.

COMO ALTERNATIVA...

Sustituya la zanahoria por dos remolachas ralladas finas.

POR PORCIÓN: 294 CAL | 20 G GRASAS | 5,3 G GRASAS SAT. | 25,8 G CARB. | 14,9 G AZÚC. | 0,5 G SAL | 2,4 G FIBRA | 5,3 G PROT.

GALLETAS DE JENGIBRE, FRUTOS SECOS Y AVENA

Las galletas recién salidas del horno son una buena manera de recibir a los invitados y a los pequeños cuando regresan de la escuela. Guarde la masa en el frigorífico y vaya cortando galletas y hornéelas durante 15 minutos.

PARA: 18 GALLETAS   PREP.: 30 MIN.
REFRIG.: 30 MIN.   COCCIÓN: 15 MIN.

175 g/1½ barritas de mantequilla (manteca) sin sal, reblandecida y cortada en cubos
115 g/½ taza de azúcar moreno (negro) oscuro
1 trozo de jengibre fresco de 2,5 cm/1 pulgada pelado y picado fino
175 g/¼ taza de harina de trigo integral
85 g/1 taza de copos de avena
40 g/¾ taza de avellanas sin blanquear picadas gruesas
40 g/¾ taza de almendras sin blanquear picadas gruesas

1 Cubra una superficie de trabajo con una lámina de papel vegetal de 30 cm/12 pulgadas de longitud.

2 En un cuenco grande, bata juntos la mantequilla, el azúcar y el jengibre. Añada poco a poco la harina, batiendo, seguida de la avena y los frutos secos, hasta obtener una masa homogénea. Con una cuchara haga una línea de 25 cm/10 pulgadas a lo largo del papel vegetal y luego enróllela en un rollo de 5 cm/2 pulgadas de diámetro. Envuelva la masa en el papel y refrigérela en el frigorífico durante 30 minutos o un máximo de tres días.

3 Precaliente el horno a 180°C/350°F. Unte con mantequilla dos bandejas de horno. Desenvuelva la masa de las galletas y corte la cantidad de galletas que precise. Dispóngalas en las bandejas de horno, espaciándolas un poco. Hornéelas de 12 a 15 minutos o hasta que se agrieten y se doren por los bordes.

4 Deje enfriar las galletas durante 5 minutos, luego despéguelas de la bandeja y páselas a una rejilla metálica para que acaben de enfriarse del todo.

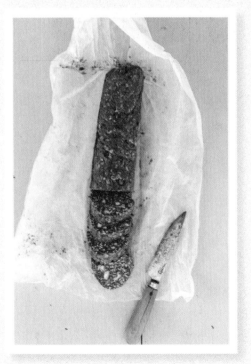

COMO ALTERNATIVA...

Pruebe a elaborar las galletas con trozos de chocolate negro o dátiles y piel de naranja rallada muy fina, en lugar del jengibre y los frutos secos.

POR UNIDAD: 186 CAL | 12,7 G GRASAS | 5,4 G GRASAS SAT. | 16,6 G CARB. | 6,8 G AZÚC. | TRAZAS DE SAL | 2,2 G FIBRA | 2,3 G PROT.

NECTARINAS RELLENAS

Este postre veraniego para paladares golosos tiene un alto contenido en vitamina C y fibra y se prepara en cuestión de minutos.

PARA: 4 PERSONAS   PREP.: 15 MIN.   COCCIÓN: 10 MIN.

4 cucharadas/¼ taza de yogur natural al estilo griego
la ralladura fina de ½ naranja
4 nectarinas (pelones) o melocotones maduros, cortados
por la mitad y descarozados
140 g/1 taza de arándanos azules
115 g/1 taza de frambuesas
150 g/⅔ taza de zumo (jugo) de naranja recién exprimido
2 cucharaditas de miel líquida
1 cucharada de brandy (opcional)

1 Precaliente el horno a 180 °C/350 °F. Eche el yogur y la ralladura de naranja en un cuenco pequeño, tápelo y refrigérelo en el frigorífico mientras prepara el resto del postre.

2 Disponga las nectarinas en una bandeja refractaria poco profunda. Rellene el hueco que ha quedado al descarozarlas con una mezcla de arándanos y frambuesas. Distribuya el resto de las bayas por los bordes.

3 Vierta el zumo de naranja, la miel y el brandy, si lo usa, en un cuenco pequeño, mézclelo todo bien y vierta el líquido sobre la fruta. Hornee las nectarinas 10 minutos o hasta que estén calientes.

4 Sírvalas de inmediato con el yogur de naranja.

COMPRAR FRUTA

Asegúrese de comprar nectarinas maduras; de lo contrario, le resultará difícil descarozarlas.

POR RACIÓN: 159 CAL | 2,7 G GRASAS | 1,2 G GRASAS SAT. | 31,76 G CARB. | 23 G AZÚC. | TRAZAS DE SAL | 5,4 G FIBRA | 3,2 G PROT.

NARANJAS CON COSTRA DE CANELA

Estas naranjas por la mitad, coronadas con canela y azúcar, desprenden un aroma delicioso mientras se asan y son un modo sencillo de finalizar una comida… o incluso sirven de desayuno.

PARA: 4 PERSONAS   PREP.: 5 MIN.   COCCIÓN: 5 MIN.

4 naranjas grandes por la mitad y sin semillas
1 cucharadita de canela molida
1 cucharada de azúcar mascabado (azúcar de caña)

1 Precaliente la parrilla a fuego vivo. Separe con cuidado la pulpa de la naranja de la piel introduciendo por dentro del borde de la naranja un cuchillo afilado. Corte a través de los gajos para desprender la pulpa en trocitos que puedan sacarse luego fácilmente con una cuchara.

2 Disponga las mitades de naranja, con la cara cortada hacia arriba, en una fuente refractaria poco profunda. Eche la canela y el azúcar a un cuenco, mézclelo bien y luego espolvoree la mezcla sobre las naranjas.

3 Áselas de 3 a 5 minutos o hasta que el azúcar se haya caramelizado, esté dorado y burbujee. Sírvalas enseguida.

ALTERNATIVA

Para paladares más golosos, corone las naranjas con yogur natural mezclado con miel.

POR RACIÓN: 88 CAL | 0,2 G GRASAS | 0 G GRASAS SAT. | 20 G CARB. | 20 G AZÚC. | TRAZAS DE SAL | 3,5 G FIBRA | 1,5 G PROT.

NATILLAS ESPECIADAS DE CIRUELA Y MORAS

Estas natillas preparadas con compota fresca y afrutada ligeramente especiada con canela y coronadas con nata montada y yogur griego no necesitan cocción y saben deliciosas.

PARA: 6 PERSONAS   PREP.: 15 MIN.
REFRIG.: 30 MIN.   COCCIÓN: 15 MIN.

5 ciruelas descarozadas y en rodajas
175 g / 1 1/4 taza de moras
2 cucharadas de agua
1/4 cucharadita de canela molida
115 g / 1/3 taza con azúcar mascabado (azúcar de caña)
225 ml / 1 taza de nata (crema) espesa
225 g / 1 taza de yogur natural griego

1   Eche las ciruelas, las moras y el agua a una cazuela, esparza por encima la canela y 2 cucharadas del azúcar, tape la cazuela y cuézalo todo a fuego entre medio y lento durante 10 minutos o hasta que las frutas estén tiernas. Déjelas enfriar.

2   Vierta la nata en un cuenco grande y bátala hasta tenerla a punto de nieve. Incorpore entonces el yogur.

3   Con una cuchara, eche la fruta y un poco del zumo en seis moldes pequeños refractarios de unos 175 ml. Ponga por encima cucharaditas de la mezcla de nata y luego extiéndala formando una capa homogénea. Refrigérela al menos durante 30 minutos.

4   Esparza las 3 cucharadas de azúcar restantes por encima de los moldes y luego colóquelos en la parte baja del gratinador, rodéelos de hielo para mantenerlos fríos y gratínelos unos 4 o 5 minutos, hasta que el azúcar se haya disuelto y caramelizado. Deje enfriar las natillas durante 2 minutos y luego sírvalas.

VERSIÓN SENCILLA

Caramelice el azúcar en el último minuto con un soplete de cocinero en lugar de gratinarlo.

POR RACIÓN: 310 CAL | 24 G GRASAS | 15 G GRASAS SAT. | 21 G CARB. | 21 G AZÚC. | TRAZAS DE SAL | 2,2 G FIBRA | 4,9 G PROT.

POLOS DE MANGO

Estos polos cremosos de tres capas de frutas rebosan color, textura y sabor.
El mango y las fresas combinan bien con la vainilla.

PARA: 8 POLOS
PREP.: 20 MIN.   CONGELACIÓN: 8 H

1 mango pelado, descarozado y cortado en dados
9 cucharadas de miel líquida
300 ml / 1¼ taza de yogur natural
2 cucharaditas de extracto de vainilla
300 g / 2 tazas de trozos de fresa (frutilla) sin rabito

1   Ponga el mango en un robot de cocina y tritúrelo. Páselo a un cuenco pequeño, añada 3 cucharadas de miel y remueva bien.

2   Vierta la mezcla en ocho moldes de polo de 250 ml. Congélelos durante 2 horas o hasta que estén duros.

3   Cuando la mezcla de mango se haya congelado, ponga el yogur, el extracto de vainilla y 3 cucharadas de miel en un cuenco y remueva bien. Con una cuchara, vierta el yogur sobre la mezcla de mango. Inserte los palos de los polos y congélelos 2 o 3 horas, hasta que estén helados.

4   Cuando la mezcla de vainilla se haya congelado, ponga las fresas y las 3 cucharadas de miel restantes en una licuadora y bátalas. Cuele las pepitas pasando el zumo a través de un colador metálico fino. Viértalo sobre la mezcla de vainilla helada y congele los polos 2 o 3 horas más, hasta que estén helados.

5   Para desmoldar los helados, sumerja los moldes congelados en agua tibia unos segundos y desprenda con cuidado los polos tirando de los palillos.

HUMMM... MANGO

Los mangos contienen una selección de vitaminas y minerales y son particularmente ricos en vitamina C y betacaroteno, que el cuerpo transforma en vitamina A.

POR POLO: 141 CAL | 0,7 G GRASAS | 0,3 G GRASAS SAT. | 33,3 G CARB. | 31,7 G AZÚC. | TRAZAS DE SAL | 1,4 G FIBRA | 2,5 G PROT.

ÍNDICE